Couverture inférieure manquante

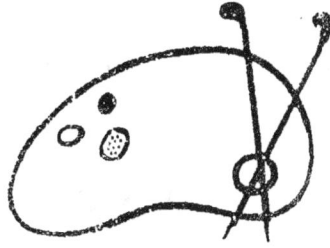

Début d'une série de documents
en couleur

DOCUMENTS LINGUISTIQUES

DES

BASSES-ALPES

RECUEILLIS ET PUBLIÉS

PAR

PAUL MEYER

Membre de l'Institut.

Extrait de la *Romania*, tome XXVII

(*Non mis dans le Commerce.*)

PARIS

1898

(15)

Fin d'une série de documents
en couleur

DOCUMENTS LINGUISTIQUES

DES

BASSES-ALPES

RECUEILLIS ET PUBLIÉS

PAR

PAUL MEYER

Membre de l'Institut.

Extrait de la *Romania*, tome XXVII

(*Non mis dans le Commerce.*)

PARIS
1898

DOCUMENTS LINGUISTIQUES

DES BASSES-ALPES

J'ai commencé de bonne heure — en fait, depuis ma première année d'École des chartes, il y a quarante ans — à recueillir et à classer, selon un ordre à la fois géographique et chronologique, des textes de langue provençale; j'entends des documents datés, au moins approximativement, de temps et de lieu, pouvant par conséquent servir à déterminer les variétés locales du langage pendant la période à laquelle ils appartiennent, période qui s'étend du XIIᵉ siècle, plus souvent (car les documents anciens sont rares) du XIIIᵉ ou du XIVᵉ, jusqu'au XVIᵉ. Pour le XVIIᵉ et le XVIIIᵉ siècle les textes de langue sont en grande partie imprimés; pour l'époque actuelle on a encore la faculté d'étudier la langue sur le vif, mais il faut se hâter.

Ma collection de textes était déjà assez riche lorsque je publiai, en 1860, dans la *Bibliothèque de l'École des chartes*, mes premières études, aussitôt interrompues, sur la Chanson de Girart de Roussillon. C'est à l'aide d'une pièce trouvée à la Bibliothèque impériale que je parvins à fixer à peu près exactement le lieu d'origine de l'un des mss. de ce poème, celui de Paris. Mais alors, je n'avais pu me procurer que les pièces qui se trouvaient à ma portée, à la Bibliothèque impériale et aux Archives de l'Empire, ou qui avaient été publiées en des recueils provinciaux. En 1862, un séjour prolongé en Provence et en Languedoc, où j'étais chargé de classer certains dépôts d'archives communales, me permit de recueillir de nouveaux documents, et surtout de me rendre compte des recherches qu'il me restait à faire dans les archives locales. D'autres travaux, que je jugeai plus urgents, et notamment l'exploration méthodique des bibliothèques du Royaume-Uni, absorbèrent pendant longtemps les loisirs que me laissaient mes fonctions officielles. Toutefois, depuis une quinzaine d'années, je suis revenu à mes premières recherches : j'ai fait dans le Midi de nombreux voyages, visitant de préférence les archives communales, où les textes en langue vulgaire sont plus abondants que dans les dépôts des préfectures, et j'ai réussi à accroître considérablement ma collection. Peu à peu s'est formée en moi la conviction que ce vaste recueil, bien que conçu uniquement au point de vue de la linguistique romane, pouvait en outre rendre quelques services à diverses branches de l'histoire (histoire locale, histoire des institutions, histoire économique, etc.) et à la géographie historique ; que la publication en était désirable à bien des égards ; qu'enfin cette publication serait indéfiniment retardée s'il me fallait attendre que mes recherches eussent complètement épuisé la matière. Car, lorsqu'il ne s'agit de rien de moins que de dépouiller des centaines de dépôts d'archives souvent mal classés et dépourvus d'inventaires, il ne faut pas compter sur un dépouillement complet. D'ailleurs, il serait excessif de publier tous les documents qu'on peut recueillir. Il suffit de quelques spécimens bien choisis pour représenter les variétés linguistiques de chaque région. Et puis, il faut bien en prendre son parti, il n'y a rien d'absolument définitif dans les travaux de l'érudition, et un recueil même incomplet, tel que celui que j'ai formé, met en évidence les lacunes, et par suite peut susciter de nouvelles et fructueuses recherches.

La première question à résoudre concerne le plan général du recueil. Évidemment ce plan doit être géographique, puisque l'objet qu'on se propose est de fournir le moyen d'étudier les variétés locales du langage. Mais quelle est l'unité qui doit être adoptée comme base de classement ? Les personnes qui croient encore à la division des langues romanes en dialectes et sous-dialectes proposeraient sans doute un classement en circonscriptions linguistiques déterminées par les formes du langage. Comme je pense que, dans l'immense majorité des cas, une répartition opérée sur cette base eût été chimérique, je n'ai pas eu un seul instant l'idée d'en encombrer le terrain de nos études. J'ai pris tout simplement pour base la division moderne en départements. J'ai formé autant de dossiers qu'il y a de départements pouvant être compris dans les pays de langue d'oc.

On objectera peut-être que la division en départements est

bien récente pour une collection de documents qui appartiennent aux derniers siècles du moyen âge. Je réponds que la division en provinces manque de fixité ; que d'ailleurs, si on la prend à la veille de la Révolution, elle n'offre aucun avantage sur la division en départements, celle-ci étant d'un usage infiniment plus commode, puisqu'elle est adoptée dans les cartes usuelles et dans les répertoires géographiques ou topographiques.

Sur ce point fondamental, je n'ai aucune hésitation. Mais je ne préjuge pas encore la question de savoir si les recueils propres à chaque département doivent être classés dans leur ordre alphabétique, ou s'il ne conviendrait pas plutôt de les grouper par régions selon le plan adopté dans le *Musée des Archives départementales*, publié à l'occasion de l'Exposition universelle de 1878.

La même question se pose pour le classement des pièces relatives à chaque département. L'ordre alphabétique des localités se recommande par sa simplicité, mais il aurait, en bien des cas, l'inconvénient de séparer des textes appartenant à des communes voisines. Peut-être vaudrait-il mieux adopter le classement par arrondissements, quoique l'arrondissement soit une subdivision bien factice. Et, si on l'adoptait, faudrait-il ranger les arrondissements par ordre alphabétique, ou par ordre géographique en commençant par le nord pour terminer par le sud ? Sur ce point, comme sur d'autres, je compte profiter des observations qui pourront m'être adressées.

Une autre question concerne les tables. Je crois que je me déciderai à donner une table des noms de personnes et de lieux pour chaque département, mais que j'attendrai la fin de l'ouvrage pour y joindre le vocabulaire de la langue. Cependant, comme l'ouvrage aura plusieurs volumes, il vaudrait peut-être mieux joindre un vocabulaire à chaque volume.

Présentement, et à titre d'échantillon, je compte publier, du moins en partie, l'un de mes dossiers. Je choisis celui des Basses-Alpes, qui est d'une étendue moyenne. Il est moins riche assurément que ceux des Bouches-du-Rhône, de Vaucluse, de la Drôme, du Gard, de l'Hérault, de la Haute-Garonne, pour lesquels on possède un grand nombre d'actes en langue vulgaire remontant au xiie siècle ou même au xie, et se poursuivant jusqu'à la fin du moyen âge. Il est, en revanche, mieux fourni que les dossiers des Hautes-Alpes, de l'Isère, de l'Ardèche, de la Lozère, de la Haute-Loire, de la Creuse, où les documents en langue vulgaire sont rares. Il est suffisant comme spécimen et se prête assez bien, par ses dimensions, à la publication dans une revue. Je dois déclarer que je ne donne pas ce dossier pour complet. Le département des Basses-Alpes, en raison de ses conditions physiques, n'est pas, en toutes ses parties, d'une exploration facile, et il est certaines localités, peu importantes du reste, que je n'ai pas encore eu le loisir de visiter, et où il y aurait peut-être quelques documents à recueillir. Et d'autre part je ne me propose d'imprimer ici que des pièces inédites. Il est bien clair que, dans le recueil que je projette, il y aurait lieu de rééditer, en totalité ou en partie, certains documents publiés, souvent assez mal, en des histoires locales ou en des mémoires de sociétés savantes qu'il n'est pas toujours facile de se procurer.

Je ne donnerai donc ici aucun texte de Sisteron, non que je n'en possède pas, mais parce que plusieurs, et non des moins intéressants, ont déjà été imprimés dans les deux ouvrages de feu Édouard de Laplane sur l'histoire de cette ville.

Enfin, je ne donne même pas toutes les pièces inédites que j'ai recueillies ; c'est ainsi que je me décide au dernier moment à supprimer certaines séries de pièces (notamment celles que j'ai copiées à Manosque et à Reillanne) qui augmenteraient d'au moins 25 pages le présent mémoire.

J'ai soin d'indiquer tous les changements d'écriture. Dans un recueil tel que celui-ci il est nécessaire d'identifier, autant que possible, chaque écrivain. Cette précaution est indispensable pour que le lecteur puisse se rendre compte de certaines variétés graphiques qui peuvent se rencontrer en des textes ayant la même origine locale, mais écrits par des mains différentes.

Les documents ci-après publiés, en tout ou en partie, appartiennent aux localités ci-après désignées :

La Bréole (arr. de Barcelonnette).
Seyne (arr. de Digne).
Digne.
Saint-Julien-d'Asse (arr. de Digne).
Forcalquier.
Castellane.

Je suis, comme on voit, l'ordre géographique, en allant du

no--d au sud. Je ne tiens pas absolument à cette disposition, qui,
pour les Basses-Alpes, peut se justifier par des raisons parti-
culières.

_____

Le département des Basses-Alpes est extrêmement pauvre en
archives ecclésiastiques, bien que le territoire qui le forme ait
contenu cinq sièges épiscopaux (Digne, Senez, Glandève, Riez,
Sisteron) et plusieurs monastères. Il n'y a pas non plus d'ar-
chives seigneuriales importantes. De là vient qu'on ne trou-
vera, parmi les documents publiés ci-après, aucun de ces ter-
riers (*breus*) en langue vulgaire, remontant au XIIᵉ ou même
au XIᵉ siècle, comme on en possède plusieurs pour la Drôme [1],
aucun de ces très anciens serments, de ces actes de foi ou
d'hommage qui se rencontrent en assez grand nombre dans les
départements voisins. Tous mes documents proviennent d'ar-
chives municipales, et, comme en Provence les administrations
ont conservé très tard l'usage du latin, aucun n'est antérieur
au XVᵉ siècle [2]. Presque tous sont tirés de registres de
délibérations et de pièces ou registres de comptabilité. En
Provence, les délibérations des Conseils de ville sont géné-
ralement rédigées en latin jusqu'à la fin du XVᵉ siècle ou même
jusqu'au XVIᵉ siècle [3], époque où le latin cède la place soit au
provençal, pour un temps assez court, soit au français. Mais on
insère fréquemment, parmi les décisions du Conseil, des règle-
ments de police, des états de dépenses (ce qu'on appelait *parcelles*),
ou autres documents qu'on avait coutume, depuis le XIVᵉ siècle,
d'écrire dans la langue du pays. Quant aux comptes de recettes
et dépenses, comme le trésorier changeait tous les ans ou
tous les deux ans, on ne trouvait pas toujours un homme qui
eût suffisamment le maniement de la langue latine, ce qui fait
qu'entre des comptes rédigés en latin on en rencontre souvent
qui sont en provençal.

Le fait que les documents publiés ci-après ne sont point anté-
rieurs au XVᵉ siècle n'en diminue pas la valeur linguistique.

_____

1. Voy. *Romania*, XX, 71.
2. Il en existe de plus anciens, par exemple le *Livre des privilèges de
Manosque*, mais ils sont publiés.
3. Digne, comme on le verra plus loin, fait exception. Les délibérations
du Conseil sont en provençal dès 1436.

J'entends qu'ils représentent assez bien la langue de leur lieu d'origine à l'époque où ils ont été écrits. Il n'en serait pas de même s'ils appartenaient aux pays de langue d'oïl. Là, en effet, le français central prédomine à peu près partout, sauf toutefois dans la région du nord, notamment en Artois, en Flandre, en Hainaut, où les parlers locaux se sont conservés assez tard dans l'usage administratif et même, en une certaine mesure, dans l'usage littéraire. Dans le midi, au contraire, on ne voit pas qu'aucun état local du langage ait obtenu une suprématie marquée sur les autres formes. Il est sans doute arrivé, au cours des temps, que certaines formes ont gagné du terrain, et que, par contre, d'autres en ont perdu, mais en somme jusqu'au moment où le français triomphe définitivement, le provençal écrit est resté assez semblable, en chaque pays, au provençal parlé.

LA BRÉOLE [1]

Commençant par le nord, je devrais donner en premier lieu des spécimens du langage de l'arrondissement de Barcelonnette. Malheureusement, il n'y a plus d'archives anciennes dans les communes de cet arrondissement. Je l'ai vérifié sur place. On attribue, dans le pays, cette pénurie aux dévastations causées par les guerres dont la vallée de l'Ubaye a été le théâtre. Je n'y contredis pas. Peut-être cependant l'incurie des municipalités a-t-elle en certains cas augmenté le désastre. Ce qui est sûr, c'est que les documents concernant la vallée de l'Ubaye, ou vallée de Mons, comme on disait jadis, doivent être cherchés dans les archives de la Chambre des comptes, à Marseille, pour le temps où Barcelonnette était le chef-lieu d'un des bailliages ou d'une des vigueries de la Provence, et aux archives d'état, à Turin, pour le temps où la vallée était rattachée à la Savoie. Mais tous ces documents sont en latin, quelquefois en français. Les textes en langue locale ne se trouveraient guère que dans les archives municipales, qui dans le cas présent nous font défaut.

Cependant la commune de La Bréole possédait encore, il y a quinze ou vingt ans, un assez bon nombre de pièces et de

---

1. Arr. de Barcelonnette, cant. du Lauzet.

registres des xvᵉ et xviᵉ siècles. Ils étaient placés dans une cave où ils pourrissaient lentement, lorsque, grâce à l'intervention de M. Arnaud, notaire à Barcelonnette, ce qui en restait fut transféré aux archives de la préfecture, à Digne. C'est là que j'ai trouvé le cahier de comptes dont je vais publier la plus grande partie. L'intérêt en est médiocre. Ces comptes sont de l'année 1562 ; ils offrent peu de variété, et plusieurs des articles qu'ils renferment sont écrits en un français plus ou moins imprégné de provençal. Les parties provençales même contiennent, comme c'est généralement le cas pour les textes de cette époque, beaucoup de mots français. Je les ai copiées toutefois et je les publie, à défaut de textes plus purs et plus intéressants, pour que l'arrondissement de Barcelonnette ne reste pas sans aucun spécimen linguistique. Cette copie n'a pas été facile à faire : par l'effet d'une humidité prolongée, l'écriture a beaucoup pâli et est, en certains endroits, à peu près illisible.

(Fol. j) 1. Vacasions des contes Johan Michel, a payha Loys Massa, Thonon Guybert.

(Vᵒ) 2. L'an 1562 et le premyer jort de l'an, me an fet uno talho de dys souls pour chascuno liouro, de que Johan Mychel guico ¹ a culy lou cartier de villo, Thoni Matyou lou cartier de Quostabello, et Johan Rougoun lou cartier de Chalamel, et Glaudo Charbonier lou cartier de La Gardo ², per my Beynet, moynant l'argent que monto sa liouro que iou li ay dona por sa peno.

Item, plus, l'an 1562, et lou (la phrase reste inachevée).

(Fol. 2) 3. S'ensuyt la despance et yssue dud. B. Benoyt Guybert ³.

Et premieramient dict led. consol avoyr requobré de Michel Goyrant, releysé ⁴ de Glaudier, grosses sys et demi, et aquo per lou setollun ⁵ et resto dou bla que avio bayla monsgʳ lou governeur de Vallerno ⁶, qu'es en somo

g. vj, p. ij ⁷.

---

1. Plus loin (art. 5) guiquo. Serait-ce un nom propre ?

2. Costebelle, Chalamel (maintenant Charamel), La Garde sont des paroisses faisant partie de la commune de La Bréole. La vilo désigne le cheflieu de la commune.

3. Ce Benoît Guybert n'a pas encore été nommé, à moins que ce soit le Beynet de l'article précédent.

4. Plus loin releyga ; il s'agit d'un reliquat venant d'un exercice précédent.

5. Ce mot, écrit plus loin (art. 4 et 6) sotolum, est assurément le même que soutoulun relevé par Mistral avec le sens d' « effondrilles, sédiment, dépôt », et dont l'origine est obscure.

6. Valernes, arr. de Sisteron, cant. de La Motte.

7. Deux pataes. Le pataç valait deux deniers (Du Cange, PATACUS).

Ce qui suit, jusqu'au fol. 3 r°, est à peu près en français; les ff. 3 v° à 6 sont blancs.

(*Fol.* 7) **4.** S'em sec sou que iou Beynet consol ay ressu du luoc de La Breulo. Et premyerament d'Antoni Mychel, releysa de Claudo Coyrant, per la resto et soutolum dau bla que avio bayla mons^r lou poverneur a la vilo.

g. vj.

Item, plus ay ressu de Sagno Regosso, et per las mans de Johan Don, la somo de... f. xij, g. j.

Item plus ay ressu de Arnos Deysaut, de las Gorros ¹, la soumo de.

f. xv (?).

(*Fol.* 8) **5.** 1562 et le premyer jort de l'an me an fet uno talho de dis s. per lioura que Johan Mychel guiquo a culhy lou cartier de vyllo, Thoni Matiou lou quartier de Quostabello, Johan Rougom lou cartier de Chalamel, Claudo Charbonyer lou cartier de La Gardo, lous estrangiers Candon de Loysso.

6. Item, plus me hon fet, lou xv de mars, uno talho de.....² culhe lou cartier de villo, Barthomyou Massa Costabello, Arnos Mychel Chalamel, Barthemyou eytrangher, La (*v°*) Gardo iou Beynet.

Item, ay ressu de Sagno Regosso, et per las mans de Johan Don, f. xij, g. j.

Item, plus ay ressu de las Gorros, et per las mans de Arnos Deysauls, la somo de... f. xv ⅔ s.

(*Fol.* 9) Item, ay ressu de Mychel de Claudier Goyrant ⁴, dau soutolun dau bla que soubre d'aquel que avio pres la vyllo de mons^r lou governeur,

g. vj.

(*Fol.* 10) **7.** Lou despendu ⁵.

L'an 1562 et le xviij de jenoyer, lou consol Guybert a dit avoy poyé a mestre Baitran Barnart la somo de vingt huyt florins, urig sou et demi, pour le premier cartoier du don, quomo quosto apodusso...... f. xxviij, g. j ½.

Item, pour la poudisso.. g. j.

Item, pour le mesagier......................... g. j, p. ij.

8. Item, dict led. consol avoyr vaqué au consel a Seyno, et ausy per porter l'argent de l'argent (*sic*) du don a mestre Rome............ g. iiij.

---

1. Probablement un nom de lieu; cf. art. 6. *La Gourre, Les Gourres* existent dans la toponymie des H.-Alpes; cf. *La Gourette,* com. du Lauzet. En prov. *gourro* est le nom d'une espèce de saule; voy. Mistral.

2. La place de deux ou trois mots a été laissée en blanc.

3. Ici et ailleurs (cf. p. 365, n. 3) je rends ainsi un signe qui ressemble à un 7 et qui signifie « un demi ».

4. Lire *Mychel Goyrant, releysé de Claudier*; cf. art. 3.

5. Ms. *loudes pendu.* Ces mauvaises coupes sont fréquentes.

(*V*°) **9.** Item, dict led. consol avoyr poyé a mestre Roume, per lou premier cartom du dom, et quomo apert podisso, la somo de...... ff. lxxxvij, g. vj.

10. Item, plus dict led. consol avoyr poyé las vacasions des auditeurs des contes que sont Arnos Deysaus; baylé, tant per desecusions que sa vaquation des contes... g. x.

J'omets un certain nombre d'articles rédigés à peu près en français.

(*Fol.* 12) **11.** Item, plus di[s] led. consol a (*l.* a[ver]?) payha a Thoni Giely, siryant, lou jort que fet la crie das[1] quapytols.............. p. ij.

12 Item, plus les consols de Seyno avoyr [payé] a ung mesagier que mandavon lous consols de Seyno per anar au consel, cant lou governeur de Valerno aguè la comesion de levar jens, ay paga per loud mesagier. p. vij.

13. Item, lou vije de mars, iou Beynet, siou ana a Seyno avecque la compagnyo de Johan Masa, aven vacat ung jort per ausir la quomesion dau governeur de Valerno.

14. Item, dis ledit consol aver paga per Johan Massa et per ledit consol, per ung gostar aquo[2] de Jame Demay, g........................ xx.

(*V*°) **15.** Item, plus a dit ledit consol aver paga a mestre Roume, per la vacasion que fet as Ays, per ung manda que aguet de se trobar as Ays, la somo de ff. iiij, g. ix, qu'es a rason de seys s. per fuoc, qu'es en somo
f. iiij, g. ix.

16. Item, plus, lou ix de mars, es vengut lou fyl de Mariant avecque uno letro des consols de Seyno, la vont nos mandavon ne fere fauto de venyr a Seyno tout encontinent, visto la pressento; ay douna audit mesagier ung sou et son digna, que monton................................ g. ij ½.

17. Item, lou x de mars, siou ana a Seyno quant monsr de Monclar[3] aribet a Seyno per levar sa compagnio e fere tappo[4], ay vaquat ung jort a mos depans....................................... g. iiij.

(*Fol.* 13) **18.** Item, lou cinquesme d'abril, iou Beynet, consol, siou anat a Seyno per portar l'argent de la soldo de la yandarmario, plus uno talho de six souts per fuo, hordoneyhos pour[5] les consols quomuns, plus uno aultro de troys florins et nou sols pour fue, ordonneeos per les conssols [dau] quonsel comun, a savoyr tranto et ung florin et neuf soulz et demi, quomo quosto apodisso................................... ff. lxxxxij, g. vj.

Pour le voiage.. g. iiij[6].

---

1. Voir, pour cette forme, plus loin, p. 362.

2. « Chez » ; cf. art. 21, 38, 62, et *aquot*, art. 55. Nous retrouverons cette expression plus loin, dans le compte de Seyne.

3. Montclar, arrᵗ de Digne, cant. de Seyne.

4. Probablement pour *estapo, eytapo*, étape.

5. On voit que l'écrivain, lorsqu'il essaye d'écrire en français, confond *pour* et *par*.

6. Article ajouté.

19. Item, plus, a mestre Bartran Barnart, la somo de vint et heuyt florins, ung sou et demi, et se pour le cegont quartom, quomo quosto apoudisso.

ff. xxviij, g.j $\frac{1}{2}$.

Item, plus per la poudisso.................................... g. j.

(V°) **20.** Item, plus, a mestre Nicolay, pour la despenso que feron lous compromyssaris et ausy lous sept de la Breula qu'aneron a Seyno per apoytar ¹ ambe chanuysse ², ff. ix, quomo quosto apoudisso.

21. Item, plus, a mestre Nicolay, lou bayle de Sallon ³, mestre Acardi, mestre Saturnini, per lour vacasion de l'apoytament............ ff. ij.

Item, plus per la despenso que feron aquo de Jame Demay per loud. apoytament de chanuyse et de la villo........................ g. xviiij.

22. Item, iou Beynet ay vaqua, per portar lou susdit argent a Seyno, ung jort a mos depans.............. .... g. iiij.

(Fol. 14) **23.** Item, lou xx de abril, sieu ana a Seyno au consel, per acordar ambe lou quaputani Barnart avecque lou bayliagy; ay vaquat ung jort a mos despens, que mo[n]to................................... g. iiij.

24. Item, lou mesagier som beure et ung sou................ g. ij.

25. Item, lou xxvij abril, siu ana a Seyno anbe Loys Massa per ausir lou consel que sario de fayre dau caputani Galart, paguere ⁴ tant per la bestio de Louys Massa que la mieno ⁵, vacare ⁶ ung jort, paguere per sa bestio et la mieno........................ .... g. iij.

(V°) **26.** Item, per lou mesagier que ha porté la letro per anar au consel.

g. j $\frac{1}{2}$.

27. Item, plus, lou cinquesme de may, iou Beynet siou ana a Seyno per contar la despenso que fet lou quaputani Galart avecque lous consols de Seyno, ay vaquat ung jort.................................. .... g. x.

28. Item, plus, ay paga, per la despenso que fet lou quaputani Galart a Seyno, la somo de ff. ix, g. viij, quomo quosto l'apoudisso per mestre Rome.

f. ix, g. viij.

(Fol. 15) **29.** Item, plus ay payha per la gardo de monsr le luetene[n]t de Digno, flor. seis (?) de que a l'aquit mestre Roume de Seyno ⁷.

30. Item, lou jort que anyan ⁸ vacar per mandar de vioures à Seyno, a digna, lou consol et mestre Peyre et iou a meyson, que monto.... g. vj.

---

1. Pour *apoyntar*.

2. Je ne puis lire autre chose. Est-ce un nom propre ? Cf. art. 21.

3. Sellonet, arr. de Digne, cant. de Seyne.

4. Il y a *paguer* avec une abréviation finale, ici et à la ligne suivante.

5. On pourrait lire aussi, ici et plus bas, *mieuo*, qui serait plus provençal.

6. Il y a *vacar* avec une abréviation finale. Il faudrait *vaquere* ou *vaquerem*.

7. Cet article est cancellé.

8. Ce n'est pas un imparfait irrégulier pour *anavan* (=*anavani*), mais un prétérit, et de même art. 60; cf. art. 36, 61, *mandian*, art. 43, 48, *dounyan*.

31. Item, plus, a digna Thoni Giely, lou jort que fet achanpar lou consel, a despendu.. g. j.

(*V*o) **31.** Item, cant monsr lou juge et lou viguyer son vengus butar lou bayle, de que ero lou juge, lou viguier Pòms et Mariant et Garsine ¹ lou bayle, mestre Peyron et iou, qu'es lou sandes au vespre, la dinieyo de matin, lous v de Seyno lous dous consols et lou bayle mestre Peyron ; lou vespre a soupar, los cinq de Seyno, lou bayle, lous dous consols, mestre Peyron, Thonon Guybert, Pascal Goyra[n]t, Johan Galissy.

Item, plus douas quavallos ung jort et demi a fem et sivado.

Item, per lous lebruers (*sic*) dau viguier, per de pam............ g. j.

(*Fol.* 16) que monto la despenso la somo de............ ff. viij, g. x.

32. Item, plus, per ung dignar quant cant (*sic*) lou juge sey ero per butar lou bayle, a Thoni Giely per son dignar..................... g. j.

33. Item, au graffier Garsyni de Seyno ay baylat............. ff. j.

34. Item, a Pons le tronpeto de monsr lou yuge............. g. iij.

35. Item, plus, a ung mesagier per douas fes que mandé lous consols de Seyno eysit a la Breula, ay baylat................... g. iij.

36. Item, iou Beynet siou ana a Seyno au consel lou jort de davant que mandian ² lou consol Renié (?) et monsr lou governeur deves mons. lou conte, ay vaca ung jort (*v*o) a mos despens, que monto.............. g. iiij.

37. Item, plus, lou xviij de may, ay vaqua a Seyno per pagar nostra part de La Gardo dau luetenent de Digno, que montavo ff. xij, quomo quosto apoudisso, a mos depans........................ g. iiij.

38. Item, plus, loud. jort, ay payha per Jo[a]non, Massa et lou bayle de Sallon et Charlé et mestro Johan Michel et per my, per sou que nos eyderon a portar la despenso dau vyguyer de Digno aquo de Jame Demay, per ung dignar que fem................................ g. v.

(*Fol.* 17) **39.** Item, ay bayla au mesagier Menegue (?) quere... g. j ⅓.

40. Item, lou sandes davant lou jort de l'asension, siou ana a Seyno cant lou quaputani Galhart et mestre Honora bayle torneron de Sesteron per dounar la mullo a monsr lou conte ³, ay vacat ung jort............ g. iiij.

41. Item, plus lou susd. jort, ay bayla a mestre Roume, consol, per la fornituro que fassian a monsr le lueténant de Digno, a rasson de xviij s. pour fue, et quomo quosto apoudisso..................... ff. iiij, g. iij.

42. Item, plus, a mesier Johan Barnat (?), per las quavalquados ff. xxvj, quomo quosto apoudisso.

(*V*o) **43.** Item, plus, lou susd. jort, ay bayla au consol Silvi, per nostro part de viij eychus ⁴ que dounyan a mons. de Monclar, per deloujar de Seyno, quomo quosto apoudisso.......................... ff. iij.

---

1. Lecture douteuse ; cf. *Garsyni*, à l'art. 33.
2. Cf. ci-dessus, art. 30, *anyan*.
3. Le comte de Tende, gouverneur de Provence.
4. Ce mot, qui reparaît à l'art. 48, est pour moi obscur.

44. Item, per lou mesagier de Seyno, ay bayla .... g. j ⅓.

45. Item, per ung mesagier de Seyno, quant nos venguet sounar de anar a Seyno per portar d'argent a mons' de Somos Rybous ' .... g. ij.

46. Item, plus per unos hanchos de chabrin que baylet Thonneto au consol et Jame Deysaus, cant aneron sonar mons' lou prior que vengues dire messa lou yort de la festo de Diou......................... g. v.

(*Fol.* 18) **47.** Item, plus ay vacat ung jort a Seyno a mos despens, anbe la conpagnio de Jame Deysaus per anar far lou contes (*sic*) anbe los consols de Seyno de la despenso que fet las jandarmos de mons' de Monclar, que monto....... .... g. x.

48. Item, plus ay paya de la despenso que an fachg la yandarmario de mons. de Monclar et de la mullo que conpreri (?) de mestre Honora, bayle, et ausy des xxv eychus que donian au quaputany Galhart, la somo de ff. viij, g. iiij, qu'ero l'argent de mon viagi de Manosquo ².

(*V*°) **49.** Item, lou xij de jung..... au sery[a]nt que portè la quomesion (?) de mons' de Somos Ribos a Nostro Damo (?) que dengun non troubes a dire en redi... lous frus tant des Ugonaus que des autres, ay bayla per sa vacasion.......................... .... g. v.

50. Item, plus, ay paya per ung gostar que fem Loys Massa, baylle, e iou Beynet anbe los quasteus dau bayliage, cant eron eysit per veyre de apoytar, anbe Pra (?) Chaurand, de la quomesion que avio de mons' lou conte de tenir gens ...los ³ .... g. iij, p. iij.

(*Fol.* 19) **51.** Item, lou xx de jung, iou Beynet siou ana a Seyno per ung manda das consols de Seyno per aucasion d'uno quomesion que portè Johan Massa per far aportar de vioures, ay vaquat ung jort a mos depa[n]s, que monto.. g. iiij.

Item, per lou mesagier.... .... g. j ⅓.

52. Item, ay vaqua ung jort et demy a Saut Pons ⁴ a la compagnio de Louys Massa et Jame Deysaus, louqual portè anbe sa bestio lous..... ⁵ de La Breulo, paguére ⁶ per Louys Massa a Méulans⁷ g. iiij, au Laus ⁸, p. iij.

Et per ma vaquasion........................... .... g. xv.

(*V*°) **53.** Item, plus, per anar quere lou consol de Chalamel, cant mons. lou conte mandè de Sant Vinsens ⁹ per gardar la torre, per lou mesagier, p. ij.

---

1. Honoré de Sommerive, l'un des chefs du parti catholique, connu par ses dissensions avec son père, le comte de Tende, auquel il succéda en qualité de gouverneur de Provence, à la mort de celui-ci, en avril 1566. A cette date, il assiégeait ou se préparait à assiéger Sisteron. Voir Laplane, *Hist. de Sisteron*, II, 55.
2. Article cancellé.
3. Je ne puis lire les trois ou quatre premières lettres de ce mot.
4. Saint-Pons, paroisse dépendant de la commune de Seyne.
5. *fuols*, avec un signe d'abréviation.
6. *paguer* avec abréviation finale, comme plus haut, art. 25.
7. Méolans, arr. de Barcelonnette, cant. du Lauzet.
8. Le Lauzet, ch.-l. de c.
9. Saint-Vincent du Lauzet, cant. du Lauzet.

54. Item, au consol, quant vaquet eysit, quant (*sic*) lous quatre que mandè eysit monsr lou conte per gardar la torre, e per la despenso dau consol. g. j $\frac{1}{2}$.

55. Item, plus som vengus lous consols dau Sause eysit per veyre sy se poudian fiar de nos autres, lour manderon aquot de Johan Boy ung pechier de vin per sou que mestre Johan non avio poy[n]t . . . . g. ij.

(*Fol.* 20) **56.** Item, plus, per la despenso que fet a meyson lou precheur a meyson [1] avecques son compagnon et lou cura de Rouset [2] et ung chival, per ung soupar et dygnar. . . . . ff. ij.

57. Item, plus ay bayla a Joanon Massa, per nostro part, cant anè a Sesteron per adure quomesion de monsr lou conte de contrabuyr. g. viij, p. iij.

58. Item, plus, siou ana a Seyno a la compagnyo de Loys Massa et de mestre Peyron per contar anbe la quomunos (*sic*); dys aver vaquat ung jort.
g. x.

59. Item, plus dis aver douna a dignar a Loys Massa et a mestre Peyron lou jort que partin per anar a Seyno, que monto. . . . . g. iij.

(*V*o) **60.** Item, a bayla lou consol Ylary, lou jort que anyan a Seyno Louis Massa et Peyron Massa, ung baston que anyan despendre a Seyno [3].

61. 1562, et lou xxiij deu mes d'ost, iou Beynet ay vaqua a Seyno avec Louy Massa bayle, lou consol Ilary et Jacme Deysaus que porteran l'argent que mandian a monsr de Somoribos per Jame Deysaus, ay vaquat anvirom dous jors; a paga lou soupar et lou beure que firan a Seyno lou consol Yllary, que mo[n]to mos viagis. . . . . g. x.

(*Fol.* 21) **62.** Item, plus ay vaquat a Seyno, a la compagnyo de Louys Massa et de Jame Deysauls, cinq jors per ana far lous contes de la despenso de monsr lo conte et de plushors quaputanys, avem despendu aquo de Jame Demay.

Item, monto mas vacasions. . . . . g. xx.

63. Item, es vengu lo fil de Mariant, de Seyno, per nos dire que anesan a Seyno per portar xv eychus a la garnisson de Sestaron, anè a S[e]yno mon conpas [4] et Johan Galissy, ay bayla au mesagier. . . . . g. j $\frac{1}{2}$.

64. Item, cant lou fabron anet au Louset [5], per veyre des Ytalians, ly donere a soupar, que monto. . . . . g. j $\frac{1}{4}$.

(*V*o) **65.** Item, ay vaquat ung jort au port d'Ubayho [6], per l'anar ajuar al. . . . . [7] far. . . . . g. j $\frac{1}{2}$i

---

1. *a meyson* est sans doute répété par erreur.

2. Rousset, paroisse qui fait partie de la commune de Curban, arr. de Sisteron, cant. de La Motte.

3. Article cancellé.

4. Je ne saisis pas le sens de ces deux mots, dont la lecture n'est pas certaine.

5. Le Lauzet.

6. Ubaye, cant. du Lauzet.

7. Il me semble lire *desta* ou *desca*.

66. Item, ay douna a soppar a Mariant, louqual mandavo lou quaputan Barnart per veyre sy conpayre Johannon Massa ero torna de parlar a monsʳ de Soumarybos per sou que Rome ero a Sesteron a l'arest, a despendu. g. ij.

(*Fol.* 22) **67.** Item, per mos gagis.................... g. xviij, p. iij.

Le verso est blanc. Les articles qui occupent les ff. 23 à 28 sont en partie français (fol. 23 et 24 rᵒ), et n'offrent d'ailleurs que la répétition de formules déjà vues. A la fin se trouve la liste des feux de Seyne et des localités voisines. La voici :

(*Fol.* 28 *vᵒ*) S'ení sec lous fues de la vylla de Seyno et des chasteus.

Seyno, fues..	xxxij.
Salon, fues...	x.
La Breulo, fues...	vij. ⅓.
Sanct Vinsens, fues......................................	vj.
Ubayo, fues..	iij.
Monclar, fues..	vj ⅓.
Lou Varne, fues..	ij ⅓.
Vardachios, [fues].......................................	g. iij.
Auset, fues..	ij ⅔.
Barles, fues...	iiij ⅓.
Sanct Martin, fues.......................................	j.
Pontis, fues...	⅔ ⁽¹⁾.

SEYNE

Seyne, qu'on nomme aussi actuellement Seyne-les-Alpes, pour éviter la confusion avec Seyne-sur-Mer, près de Toulon, est une petite ville fort ancienne, située tout au nord de l'arrondissement de Digne. C'est la première localité importante que l'on rencontre au sortir de la vallée de Barcelonnette lorsqu'on se dirige vers le chef-lieu du département. Sa population, y compris celle de plusieurs hameaux (Seyne forme six paroisses), s'élève à environ 2.000 habitants. Située à une assez grande altitude (1.240 mètres), dans un territoire peu fertile, elle avait jadis, comme place de guerre, une importance qu'elle a perdue depuis que la ligne de défense a été reportée plus à l'est. Depuis quelques années la forteresse du XVIIᵉ siècle qui domine la ville est déclassée, et la population, comme au reste celle de

---

1. Ces noms ont été identifiés dans les notes qui précèdent, sauf Verdaches, Auzet, Barles, Saint-Martin, qui sont du canton de Seyne, et Pontis, cant. du Lauzet.

la plupart des communes des Basses-Alpes, est en constante décroissance.

Seyne a dû posséder autrefois de riches archives. Les anciens comptes portent la mention d'allocations régulières au gardien de ces archives [1], comme aussi de dépenses faites en vue de l'aménagement des documents, de la composition ou de la reliure de registres ou de cartulaires [2]. Mais il a dû se passer à Seyne ce qu'on peut constater en beaucoup d'autres villes; c'est que les archives, conservées avec un soin jaloux pendant le moyen âge, souvent même jusqu'au siècle dernier, ont eu, vers l'époque moderne, à souffrir de l'incurie des administra-

---

1. Compte de Michel Barthélemi (1412) : *Item, ponit solvisse dictus thes-saurarius magistro Georgio Raynaudi, olim archivario et custodi clavium, pro suis stipendiis, solidos quadraginta* (fol. 18).

Compte d'Antoine Isnard (1414) : *Item solvisse ponit dictus thessaurarius, in executionem ordinationis super hoc facte, magistro Ludovico Molini archivario, pro stipendiis suis, sol. quadraginta* (fol. xj vᵒ).

Compte de Lou. Motet (1416) : *Item, solvisse ponit magistro Lud. Molini, archivario archivii universitatis predicte, pro suis gagiis duorum annorum, ad rationem duorum francorum per annum, fl. auri quinque* (fol. 13 vᵒ). Le florin valant 16 sous, cinq florins valent 80 sous, ce qui fait en effet 4 francs.

Compte de Pierre Margalhan (1418) : *Item, plus solvisse pono, ego dictus thessaurarius, predicto magistro Lud. Molini, per manus Martini Isnardi, pro custodia archivi et labore ipsius magistri Ludovici, prout per predecessores meos extitit consuetum, vid. quadraginta solidos monete albe* (fol. 13 vᵒ).

Compte de Pascal Roman (1419) : *Item, solvisse ponit magistro Lud. Molini, notario et archivario privilegiorum sive archivii, pro gagiis suis sibi stabilitis, vid. francos duos* (fol. 13 vᵒ).

2. Compte de Michel Barthélemi (1412) : *Sequuntur expense facte pro reparacione archivi* (fol. 12); suit toute une série de dépenses relatives à cet objet. On y voit figurer l'acquisition de plusieurs douzaines de tablettes.

Compte d'Antoine Isnard (1414) : *Item, solvisse ponit dictus thessaurarius Ludovico Leporis pro uno pargameno empto pro faciendis cohoperturis cartulariorum statutorum et relationum curie consulatus, videlicet solidum unum* (fol. iij vᵒ). — *Item, solvisse ponit dictus thessaurarius, mandato dictorum dominorum consulum, Hugueto Honorati appothecario, pro papiro tam per dictum thessaurarium quam magistrum Ludovicum [Molini], notarium curie consulatus, recepta, tam pro libro quam cedulis dezenariorum quam etiam pro libro faciendo statutorum et libertatum ac rationum dicti sui thessaurarii officii, vid. grossos quinque* (fol. x vᵒ).

Compte de Louis Motet (1416) : *Item, solvisse ponit idem thessaurarius*

tions municipales. Je ne suis pas en état de faire l'histoire des archives de Seyne (et d'ailleurs ce ne serait pas ici le lieu), mais ce que l'on peut affirmer, c'est que, lorsqu'elles furent classées et inventoriées, il y a quarante ans, elles avaient subi bien des pertes. L'inventaire, bien sommaire, et à divers points de vue insuffisant, qui en fut dressé à cette époque, et qui m'a été communiqué à Seyne, mentionne un assez grand nombre de documents du xivᵉ siècle : ce sont des actes sur parchemin ; mais on n'y voit figurer aucun registre de la même époque, non plus qu'aucun des cartulaires dont il est question dans les comptes que je viens de citer en note. Actuellement, ce qui subsiste d'anciens registres à Seyne se réduit à quelques volumes. Les délibérations consulaires antérieures à 1540 manquent. Le premier registre conservé renferme les délibérations de 1540 à 1545. Elles sont en français [1]. Le deuxième commence à 1586, et depuis lors la série se poursuit régulièrement. Il est probable que dans les registres antérieurs à 1540, lors même qu'ils auraient été rédigés en latin, on aurait trouvé des pièces provençales. Il arrive en effet fréquemment que dans les procès-verbaux des délibérations on insère des ordonnances (capitols) ou des lettres missives qui, du moins, au xivᵉ siècle et au xvᵉ, sont en langue vulgaire. C'est surtout dans la série

---

magistro Ludovico Molini pro una manu papirus pro scribendo librum in quo scribit privilegia, grossum unum (fol. 7 vᵒ). — Item, solvisse ponit idem thessaurarius per manus Martini Isnardi, juxta ordinationem concilii, magistro Lud. Molini, pro transcribendo privilegia in libro opportuno, florenos auri sex (ibid.).

Compte de Pierre Margalhan (1418) : Item, porit solvisse magistro Ludovico Molini, notario, pro regestro privilegiorum dicte ville per eum in papiro facto, vid. duodecim florenos (fol. 20).

Compte de Pascal Roman (1419); Item, solvisse ponit idem thessaurarius, mandato dominorum consulum, et in execucione ordinationis consilii, magistro Ludovico Molini, notario, pro compositione libri privilegiorum et libertatum universitati Sedenæ concessorum, per eum magistrum Lud. Molini in pergameno descripti et in diminutione, precii, dicti libri, vid. flor. auri decem (fol. xiij).

1. Cette date est celle où on voit le plus fréquemment apparaître dans les registres de ce genre la langue française en place soit du latin, soit de l'idiome local. Il est visible que l'adoption du français à cette époque a été la conséquence de l'édit de Villers-Cotterets (1539), bien que les dispositions que cet édit renferme, concernant l'emploi du français, ne fussent proprement applicables qu'aux actes d'ordre judiciaire.

CC (impôts et comptabilité) que l'on a chance de rencontrer des textes vulgaires : comptes trésoraires, recueils de quittances (*apodixe*, en provençal *polissas*), compois. A Seyne le plus ancien compois, qui est de 1476, est en latin. C'est un gros volume en papier fort endommagé. Mais il subsiste heureusement un recueil de comptes trésoraires des années 1405 à 1419 (non sans lacunes) groupés ensemble sous une couverture en parchemin sur laquelle on lit ces mots, en grande gothique allongée : *Rationes thesaurariorum ville Sedene*. Au-dessous une représentation grossière des armes de la ville (de sinople à trois pals d'argent, surmontés de la croix de Jérusalem d'or [1]). Les feuillets en papier ont en moyenne 39 cent. sur 21 ; les marques de papier diffèrent selon les années [2]. Les comptes sont au nombre de treize. En voici l'indication précise :

1405, Jean Roman, trésorier ;
1407, Jacques Orcel, trésorier ;
1408, André Honorat, trésorier ;
1409, Ausias (*Alsiarus*) Raynaud, trésorier ;
1410, Martin Isnard, trésorier ;
1411, Jean d'Eyroles, trésorier ;
1412, Michel Barthélemi [3], trésorier ;
1413, Etienne Falcon, trésorier ;

---

1. Naturellement, le dessin étant à l'encre, les couleurs ne sont pas marquées. Les armes de Seyne sont blasonnées dans l'*Histoire et Géographie des Basses-Alpes* de l'abbé Feraud (3e éd., 1890, p. 139).

2. Certains cahiers ont une foliotation contemporaine en chiffres romains. D'autres n'étaient point foliotés. J'en ai numéroté les feuillets en chiffres arabes.

3. Entre ce compte et le suivant sont placés deux feuillets d'un compte émanant d'un comptable appelé « Johannes Moynerii », qui paraît se rapporter à l'église de Colobrous, puis huit feuillets où sont énumérées, d'une même main, des dépenses à ajouter à celles qui sont inscrites dans sept comptes, maintenant perdus, antérieurs à celui de 1405, et dans les comptes de 1405 et de 1407. Ces dépenses, souvent fort considérables, se réfèrent en grande partie à des subsides levés par le comte de Provence. Suit, sous la rubrique *calculatio rationum thesaurariorum ville Sedene*, une série d'observations sur des comptes qui ne nous sont pas tous parvenus : ceux de *Pontius Brocherii* (ce compte manque), *Jacobus Orcelli*, *Andreas Honorati*, *Alziarius Raynaudi*, *Martinus Isnardi*.

1414, Antoine Isnard, trésorier;
1416, Louis Motet, trésorier;
1417, Louis Molin, trésorier;
1418, Pierre Margalhan, trésorier;
1419, Pascal Roman, trésorier.

Le compte de Jean d'Eyroles, publié ci-après, est le seul qui soit rédigé en langue vulgaire [1]. Tous les autres sont en latin. Chaque compte est précédé d'un préambule, dont la rédaction ne varie guère, où sont indiquées les limites de l'exercice financier pendant lequel le trésorier a été en fonctions. Ces limites sont le premier janvier et le dernier jour de décembre suivant. Voici l'*incipit* du plus ancien compte :

Ratio mei Joanis Romani, tehesaurarii universitatis ville Sedene, continens introitum et exitum omnium et singulorum receptorum et exactorum, solutorum et expensorum, nomine dicte universitatis, a die primo mensis jenoarii millesimo iiij quinto, et usque per totum ultimum diem mensis decenbris millesimo iiij sexto.

Une observation superficielle pourrait faire croire que cet exercice s'étendait sur deux années puisqu'il commence le 1er janvier 1405 et se termine le 31 décembre 1406, mais il faut simplement conclure de ces indications que l'année commençait à Noël et que par conséquent le 31 décembre était le septième jour de la nouvelle année. Le préambule de certains comptes spécifie qu'il s'agit du mois de décembre suivant, ce qui lève toute espèce de doute. Ainsi dans le compte d'Ant. Isnard :

..... a die primo mensis januarii millesimo quadringentesimo quarto decimo quo dictum thessaurarii officium incepit exercere, et usque per totum ultimum diem mensis decembris *sequentis* Mᵒ Ciiij decimo quinto, quo finit dictum thessaurarii officium.....

Le premier janvier était, comme on le voit par les dépenses inscrites au début de chaque compte de dépenses, le jour où les consuls nouvellement nommés prêtaient serment entre les mains du bailli de la cour royale de Seyne.

1. Ce Jean ne savait probablement pas bien le latin. Sur le feuillet de couverture (non compris dans la foliotation) de son cahier, il a écrit *Racio Jhoannis Deyrolis tesaurarii septimi*. Je ne sais ce qu'il entend par ce dernier mot, peut-être Seyne? Il avait d'abord écrit *tesaurario septimo*.

Chaque compte se divise naturellement en deux parties :
1° recettes (*introitus*) ; 2° dépenses (*exitus*). Les recettes se com-
posent essentiellement du revenu des diverses rèves[1], et du pro-
duit de certaines tailles imposées par le conseil. Le compte est
suivi d'une liste des cotes irrecouvrables. Les dépenses occupent
nécessairement la plus grande partie des comptes. Elles sont
très variées et nous font connaître une infinité de menus faits
dont on pourrait, en combinant tous les comptes qui nous sont
parvenus, composer une intéressante esquisse de la vie muni-
cipale dans une petite ville des Alpes provençales au commen-
cement du xvᵉ siècle. Je n'ai pas l'intention de tracer ici cette
esquisse, mais j'ai lu, la plume à la main, les comptes énumérés
plus haut, et je m'en suis servi pour élucider certains passages
du compte provençal publié plus loin. Je crois utile de pré-
senter ici un résumé par matières des dépenses qui, dans ce
compte, sont inscrites au jour le jour. Ces dépenses se rapportent
aux objets suivants :

Entretien des édifices publics, notamment de l'église; fabrica-
tion et installation d'une cloche (art. 15, 29, 30, 35, 48, 50, 101-
152, 238); réparations aux murailles, aux portes de la ville (art. 9,
16, 283), au cimetière (art. 28), aux fontaines (art. 40-44,
245). — Travaux de voirie (art. 61, 281); les allocations sont
très faibles, ce qui, dans un pays aussi accidenté et souvent
raviné par les tempêtes, donne à supposer que les chemins
devaient être mal entretenus; — sonnerie des cloches à cer-
taines fêtes (art. 34), et en temps d'orage (art. 207); — gages
de diverses personnes engagées par la ville : le barbier ou chirur-

---

1. Les rèves étaient un droit imposé sur les objets de consommation.
L'article *reva* de Du Cange n'indique pas en quoi il consistait ni à quels
objets il s'appliquait. Mais on peut consulter utilement D. Arbaud, *Études
hist. sur la ville de Manosque*, pp. 333 et suiv. Les rèves étaient affermées par
adjudication publique, sur mise à prix. Pour encourager les surenchères, une
prime de tant par livre était proposée aux concurrents; voir plus loin, au
compte des dépenses, les articles 268 et suiv., relatives au *sobre enchant* (dans
les comptes latins *superincantus*) des diverses rèves. Le fonctionnement de
ces mises en adjudication apparaît très clairement dans le procès-verbal
d'adjudication d'une rève de blé et de vin, en 1362, qui est imprimée parmi
les preuves de l'*Essai sur le cominalat dans la ville de Digne*, de Firmin Gui-
chard, II, 335-343 (cf. I, 372, et C. Arnaud, *Hist. de la viguerie de Forcal-
quier*, II, 428 et suiv.).

gien (art. 66); le maître d'école (art. 247, 248, 284), l'horloger (art. 246 [1]); — dons faits à diverses personnes, telles que le baile de la cour royale de Seyne (art. 63) ou le prédicateur du jour des Rameaux (art. 240); — missions confiées à des personnes chargées d'aller à Arles ou à Tarascon, auprès de la reine Yolant, comtesse de Provence, pour les affaires de la communauté (art. 6, 52, 67); — missions ayant pour objet d'épier les mouvements de l'ennemi (les troupes du comte de Savoie) dans la vallée de Barcelonnette (art. 49, 51, 208, 235, 236, 262). — Primes pour la destruction d'animaux nuisibles. La prime est peu élevée : 10 sous pour un loup, un ours ou un sanglier parvenu à sa croissance, 5 sous pour les jeunes (art. 32, 54, 264) [2]. — Distributions de pain à l'occasion de la Sainte-Brigite, le 1er février (art. 4, 8). Il s'agit ici d'un usage local dont je n'ai pas trouvé trace ailleurs. — Distributions de vin à Pâques et aussi le jeudi et le samedi saints, à l'occasion de la communion (art. 11, 12, 13). — Distribution de viande de porc, à Pâques (art. 17-24) [3]. Cette distribution, faite aux frais de la communauté, était considérable : les achats, faits à diverses personnes, montent, si j'ai bien fait l'addition, à 592 livres [4], au prix de cinq deniers (environ 25 cent.) la livre. — Collations ou même repas complets — banquets serait parfois le terme approprié — que les consuls s'offrent à eux-mêmes ou du moins dont ils prennent leur bonne part, sous les prétextes les plus variés : la prestation de serment des consuls entre les mains du baile de la cour royale (art. 1, 2), la ratification d'un marché (art. 3), la distribution de viande, à Pâques (art. 4), l'adjudication des rèves (art. 36), la concession de travaux (art. 35), le retour d'un messager (art. 39, 56), une

1. Il n'est pas question des gages des consuls et des trésoriers, mais d'autres comptes nous apprennent que ces officiers municipaux étaient rétribués; ainsi dans le compte de 1409 (fol. xij vº) on voit que le trésorier touchait 15 florins.

2. Il n'y a plus d'ours dans le département des Basses-Alpes; on pourrait, à l'aide des registres de comptes, vérifier à quelle époque l'espèce a disparu.

3. Il n'est pas dit que ces distributions aient été faites à l'occasion de la fête de Pâques, mais cela résulte avec évidence de l'art. 14.

4. Dans le compte de 1407, le total s'élève à 560 livres; dans celui de 1408 (fol. 7), à 664 livres; dans celui de 1409 (fol. 7), à 487, etc.

enquête faite sur lieux (art. 60), une vérification de comptes (art 209-234), sont autant d'occasions de se rafraîchir et de se nourrir aux dépens des contribuables. En général il s'agit, dans tous ces cas, d'une simple collation consistant en pain, en fromage, en fruits et surtout en vin. Mais, quand un personnage important passe par la ville, on donne des repas somptueux. Ce qui figure sur la table des consuls, ce n'est pas la viande de porc à cinq deniers la livre, c'est du mouton, ce sont des poulets et des chapons, des épices, du gingembre, des oranges (art. 68-85). Le compte nous donne à ce propos les prix de denrées variées, et cela est fort instructif.

L'examen de cette comptabilité ne donne pas une haute idée de l'administration de la ville de Seyne. Il n'y avait pas de projet de budget, pas d'affectations spéciales de crédits. On dépensait donc au jour le jour tant qu'on avait de l'argent, et, pour ne pas être exposé à en manquer, on exagérait les impôts de consommation qui étaient la principale source de revenus, ou on empruntait. La comptabilité se ressentait de ce désordre. Les dépenses ne sont pas classées : elles sont inscrites comme en un livre journal, dans l'ordre où elles ont été faites, sans même qu'on ait pris la peine d'indiquer les dates des payements [1]. C'est l'enfance de l'art. Disons toutefois que les comptes paraissent avoir été sérieusement contrôlés et vérifiés. Des auditeurs des comptes, appointés par le conseil, vérifiaient chaque article, l'annotaient au besoin en marge [2], et résumaient leurs observations dans une note inscrite à la fin du compte. Ils pouvaient aller jusqu'à forcer en recette le trésorier, pour les dépenses qui ne leur paraissaient pas justifiées.

Les sommes sont évaluées en florins, gros, sous, deniers, oboles. Le florin, monnaie d'or, valait 16 sous provençaux (= douze sous tournois) ou douze gros (le gros était donc l'équivalent du sou tournois); le sou valait douze deniers;

---

1. Ces dates sont cependant indiquées, plus ou moins régulièrement, dans quelques-uns des comptes de Seyne.

2. Ces annotations ont en général pour objet de réclamer la justification de la dépense (*queritur appodixa*), de constater que la justification a été fournie (*verum* ou encore *asseruit*). Souvent les auditeurs refusaient d'approuver une dépense (*non admittitur*) ou la réduisaient.

l'obole était la moitié d'un denier [1]. Gros et sous étaient d'argent.

Quant à la valeur intrinsèque du florin, je rencontre des évaluations différentes. Selon D. Arbaud (*Études historiques sur la ville de Manosque*, p. 350), le florin valait 16 fr. de notre monnaie, et par conséquent le sou valait 1 fr. et le gros 1 fr. 25 ; selon Ed. de Laplane (*Hist. de Sisteron*, I, 321), le florin valait fr. 11,37 1/2. En présence de cette divergence, j'ai consulté mon confrère M. L. Blancard, dont la compétence en matière de numismatique provençale est irrécusable : M. Blancard a bien voulu me faire savoir que le florin de Louis II, de Provence, contenait gr. 2,74 d'or fin, ce qui, à fr. 3,444 le gramme, assigne à ce florin une valeur intrinsèque de fr. 9,43 [2]. Le gros, douzième partie du florin, devait donc valoir 78 centimes et demi, et le sou, seizième partie du florin, 59 centimes.

Il est souvent question, dans ces comptes, de coupes de vin. Selon Papon [3], la coupe, à Sisteron (et sans doute à Seyne), représentait un poids de 32 livres, soit environ 16 litres. Une coupe de vin coûtait 6 s. 4 d. [4], c'est-à-dire environ 23 cent. le litre. C'est à peu près ce que le vin peut valoir aujourd'hui à Seyne dans les années ordinaires. Ce prix peut donc paraître assez élevé, eu égard à la différence du pouvoir de l'argent au commencement du xve siècle et à notre époque. Mais, le climat de Seyne étant trop froid pour la vigne, il fallait faire venir le vin soit d'une région plus méridionale, des environs de Digne ou des Mées, soit de Sisteron [5], et, vu l'état des

---

1. Voy. Papon, *Hist. de Provence*, III, 606-7.

2. Il s'agit bien entendu de la valeur intrinsèque actuelle. Mais l'or, comme toute marchandise, a un cours variable, de sorte qu'une évaluation faite au cours présent, n'a aucune chance d'être exacte pour le moyen âge. Si on prenait la monnaie d'argent pour base on obtiendrait un tout autre résultat, parce que le rapport de l'or à l'argent était très sensiblement différent de ce qu'il est aujourd'hui. Présentement ce rapport est environ d'un à trente, bien qu'officiellement un gramme d'or soit considéré comme équivalent à 15 gr. et demi d'argent. Mais au commencement du xve siècle en Provence, un gramme d'or ne valait pas plus de huit ou dix grammes d'argent.

3. Papon, III, 612.

4. Art. 1 des dépenses ; à l'art. 13, le prix de la coupe est fixé à 6 s. 8 d.

5. En fait, nous voyons la ville de Seyne faire acheter du vin à Sisteron (compte de 1419, fol. vij vo).

routes, les transports devaient être coûteux. Il faut aussi tenir compte du droit (la rève) sur le vin qui paraît avoir été assez élevé.

Mais il ne faut pas que ces considérations nous fassent oublier que le but de cette publication est principalement linguistique. A ce point de vue, notre compte offre un véritable intérêt ; non qu'il révèle des particularités de langage qu'on puisse dire absolument nouvelles et inconnues, mais les faits qu'on y peut relever ont le mérite d'être parfaitement datés de temps et de lieu. L'écrivain n'a pas, sur la notation des sons, un système très satisfaisant ni très logique : je crois par contre qu'il n'a éprouvé que dans une très faible mesure l'influence de l'idiome parlé plus au sud, et qui, par suite de diverses circonstances, passait pour plus correct ou du moins pour plus littéraire. Je me borne à indiquer brièvement les particularités les plus intéressantes.

TONIQUES. — La combinaison d'*è* avec une mouillure dans sex (=secs, où le *c* passe à l'état de mouillure) donne une triphtongue *iei, iai* ; ainsi *sieys* 13 [1], *siays* 16 ; il y a aussi *sias* 14, 274, où le comptable peut avoir oublié un *y* ; comp. *dimiaya* 19 (*dimeya* 22). La finale *ier* passe parfois à *iar* : *mesiar*, 16, *tesa[u]riar* 20.

Le groupe *in* du latin inter devient *an* : *antre* 14, 35. Mais on a de cette forme des exemples nombreux dès le XIIIᵉ siècle.

ŏ bref libre devient *uo* : *buos* (bóves) 40, cf. *uos* (œufs) 3, 14 ; en d'autres circonstances, il devient *ue, ua* : *buec* (octo) 13, 246, *huest* 18, 49, *huat* 19, *huast* 17 ; *puerc* 17-23.

ANTÉTONIQUES. — Il y a quelques exemples d'*o* antétonique passant à *u* : *cluchier* 15, 48, 52, etc., *huficial* 58.

POSTTONIQUES. — L'*a* posttonique a une tendance à s'affaiblir en *e*, lorsqu'il est en contact avec *u* tonique : *resaupues* préambule (mais *contengüas* dans le même paragraphe) [2].

---

1. Les nombres précédés de R. se rapportent au compte de recettes, les autres naturellement beaucoup plus nombreux, se rapportent au compte de dépenses.

2. On trouve *pausa* et *pauso* presque indifféremment en tête de chaque article, mais je ne crois pas qu'on puisse en induire que déjà l'*a* posttonique devenait *o* ; *pausa* est la troisième personne du singulier, répondant au *ponit* des comptes latins ; *pauso* est la première personne ; cela paraît évident si on

La finale latine -ant des troisièmes personnes du pluriel se maintient généralement sous la forme -an : *costan* 52, *sobravan* R. 9, *manquavan* 243, *degesan* 16, 87, *fesesan* 16, *avian* 49, *disian* 37, *fasian* 51, 203; toutefois la finale -on (écrite *un*) n'est pas sans exemple : *tochun* 47. Elle peut devenir *en* quand un *i* précède : *avien* 39, 60[1]; mais *fasian* 51, 203, 208.

Les finales latines en -unt deviennent assez habituellement -un : *adoberun* 5[2], *ajuerun* 43, *anerun* 37, *atornerun* 15, *comanderun* 37, *despenderun* 43, *donerun* 35, 38, *forun* 27, 37, etc; cependant *dependeron* 30 *foron* 3, 25, 26. La prononciation devait être celle que nous noterions en français par *oun*, mais atone.

L'*e* posttonique (voyelle d'appui) devient *i* lorsqu'il est précédé de *g* : *fromagi* 56, 60, 72, *gagis* 59, *mesagi* 12, 129, *peagi* 10, 110, *viagi* 52, 67. On peut aussi citer *Jorgi* 39, 52, 67, mais c'est un cas un peu différent.

CONSONNES. — *c* initial ou dernière consonne d'un groupe devient *ch* quand il est suivi d'*a* : *achanp*, *achant* (du verbe *achampar*, rassembler) 51, *chaena* 238, *chamin* 5, *chapa* 116, *charjara* 9, *charns*, *chart*, *charst* 14, 17, 18, 19, *chasar* 37, *chascun* R. 2, 4, 6, *chaus* 41, *chausas* 39, 102, *chavajada* 32, *cluchier* 48, *enchantayas* 25, 36, *tochant* R. 1-6, 8. Comme toujours on trouve quelques exemples de *c* sans *h* : *candelas* 98, 140, *carbe* (cannabem) 104, 117, *carbon* 118, 187, 243. *Cardaon* 54, *cascun* R. 1, mais ces exemples isolés ne prouvent rien contre la prononciation habituelle, qui est bien *ch*, et s'est conservée dans le patois[3]. Le cas de *campana*, 15, 34, 52, est différent; ce mot est toujours écrit ainsi dans la région même où on prononce *ch*; ce doit être un mot d'origine savante.

considère la construction des art. 4, 5, etc., des recettes : «...*pauso* aver resaupu... que *ay* resaupu».

1. J'ai cité ces finales en -*ien* dans mon mémoire sur les troisièmes personnes du pluriel en provençal (*Romania*, IX, 202) comme fréquentes en Provence et en certaines parties du Languedoc, à partir du xvᵉ siècle, mais sans mentionner de documents des Basses-Alpes. On en rencontre, dès le xivᵉ siècle, des exemples dans le ms. de la vie de sainte Enimie (Bartsch, *Denkm.*, 219, 16; 222, 6; 239, 27, etc.).

2. Ms. *adoberū*, la lecture est donc certaine. Je ne cite que les exemples où la graphie du ms. ne laisse pas place au doute. En d'autres cas, la finale est abrégée, ainsi *doner* 4, *mander* 6.

3. Voy. *Romania*, XXIV, 553.

Entre deux voyelles dont la seconde est un *a* le *c* devient *y*, *paya* est écrit à chaque article du compte des dépenses.

La dentale intervocale tombe, comme plus au nord : *terraor* 32, *partia* 27, *chaena* 238, et les part. passés *agüas* 108, *contengüa* préamb., *benvengüa* 39, *vendüas* R. 9. Je crois que Seyne est à peu près sur la limite méridionale de ce phénomène, bien qu'on en trouve encore quelques exemples isolés un peu plus au sud. Entre deux *a* la dentale est remplacée par une mouillure : *donayas* 27, *enchantayas* 25, *pausaya* 9, 31, *salaya* 218. On peut rappeler à ce propos que le *Ludus sancti Jacobi*, dont l'unique fragment connu a été trouvé dans les minutes d'un notaire de Manosque [1], nous offre des exemples du même fait : *nonaya* (nominata), *saumayas*, *jornaya*, *lavayas*, *netegaias*, vv. 99, 107, 184, 542, 543. Mais, dans le *Ludus*, ces formes sont peu habituelles, et il y a aussi beaucoup de finales en *-ada*.

La dentale intervocale en latin, mais devenue finale en roman, tombe aussi : *pra* 62, *recobra* R. 1, *bla* R. 3, *paya*, *agu* R. 1, *resaupu* R. 3. De même dans les prétérits formés sur le type de steti, à la 3ᵉ pers. du sing. : *presté* 2, *rendé*, 209, *vaqué* 49, *vendé* 3.

Il n'y a pas de graphie particulière pour exprimer les sons mouillés d'*l* et d'*n*; *mealla* (maille) 24, *murala* 43, *trabal* 60, *senors* à toutes les pages, *Dina* (Digne) 244 (cependant *Digna* 261).

Les mots commençant par *sc, st, sp* n'exigent pas de voyelle d'appui : *Steve* 11, 16, 123; *stachas* 125; *spalla* 90, 91; *specias* 56, 94; *spiar* 49 (*espiar*, 51, après une consonne) [2]. — L's ne se redouble pas : *cosas* 27, *chasar* 37, *grosa* 40, *mesagi* 12, 129, ce qui équivaut à dire que l's simple a les deux emplois de sonore et de sourde.

ts (ou plutôt *tz* ou *z*) se modifient souvent en *st* : *jorst* 51 (le sing. est souvent *jort*), *jenst* 51. Cette interversion s'observe ailleurs [3] et ne présente rien d'extraordinaire. Il est plus difficile

---

1. Il n'y est plus. Du moins je l'y ai cherché vainement il y a quelques années. J'ai bien trouvé le registre dont ce fragment avait fait partie, mais le fragment lui-même avait disparu. Il se peut que l'éditeur l'ait détaché et ait oublié de le rendre.

2. Ce fait s'observe dans presque tout le midi de la France (voy. *Bull. de la Soc. des anc. textes*, 1890, p. 107), et non pas seulement en des mots d'origine savante.

3. Voy. *Romania*, XIV, 545-6; XVIII, 437-8.

d'expliquer des formes comme *huest* (octo) 18, *huast* 17, où la présence de l'*s* ne paraît pas justifiée. *Puerst* 20-23, à côté de *puerc* 17, 18, 19, est aussi une graphie bien singulière.

Voici une particularité qui nous montre comment se produisent les aphérèses *ay paya aquel*... *ay paya aquelos* est une formule qui revient très souvent (9, 15, 19, 24, 28, 29). Comme la préposition *a* est nécessaire après le verbe *payar*, on est tenté de lire *ay paya a quel*, *a quelos*. Mais je ne vois pas qu'en Provence *aquel* se soit jamais réduit à *quel*, comme cela a eu lieu ailleurs, par ex. en Auvergne et en Limousin. Je préfère donc écrire *aquel*, *aquelos*, en supposant la préposition élidée. De même j'écris *paya Antoni Biart*, 25, où l'on pourrait écrire, j'en conviens, *paya a ntoni*. De même encore *comanderun Antoni*, 16.

Ce qui subsiste de l'ancienne déclinaison est fort peu de chose. Sujet sing. : *notaris* 7, *le dit creenciers* R. 8, *le batals* 115, *Martins Remusas* 279 ; suj. plur. : *li dic senor consol* 16, *li senor consol*, 24, 27, etc.

L'adjectif ou participe employé comme attribut garde tardivement la forme du cas-sujet ; je l'ai remarqué en d'autres occasions [1]. En voici deux exemples : « quant lo noble maistre Jorgi Raynaut fon *elegis* de anar... » 86, « quant fon *intras consols* » 277.

Le pronom personnel de la troisième personne a une forme distincte pour le plur. sujet : *ili*, *illi* 16, et par suite *aquilli* 30, 49, 51, 86, et *li*, art. plur. masc. sujet, 1, 3, 16, 26, 27, 35, 56. *Li* est aussi employé pour l'art. fém. sujet, 63, 166, 285, comme dans l'état ancien de la langue.

L'article masculin se combine avec *da*, aussi bien qu'avec *de* : *dal* 102 ; à la rigueur, on pourrait supposer que cette forme a été amenée par l'influence d'*al*. Au plur., la forme correspondante est *das* [2] ; nous l'avons déjà rencontrée à La Bréole (art. 11, 51) et je l'ai observée jusqu'à Apt. Elle se conserve dans le patois [3]. De même *al* a pour plur. *as* 29.

Disons en terminant que le trésorier Jean d'Eyroles a une

---

1. *Romania*, XVIII, 436 ; XX, 174.

2. Cette forme reparaît presque à chaque article, dans la formule « per lo comandement *das* senors consols ».

3. Dans la traduction de la parabole de l'Enfant prodigue en patois de Seyne, on lit (verset 26) : « Appelle dounc un *das* sarvitours, et li demandé ce qu'ère acó » (*Mém. des Antiqu. de Fr.*, p. 526 ; réimpr. Fabre, p. 136.)

écriture très personnelle et souvent difficile à lire [1]. Ce n'était pas un écrivain exercé, et de là vient qu'il commet souvent des fautes qu'il faut se garder de prendre pour des particularités dialectales; par exemple quand il écrit *lieras* ou *leuras* au lieu de *lieuras* (art. 16, 24), *diniey* pour *dimiey* (56), *tesariar* pour *tesauriar* (20), etc. J'ai apporté à la copie de ce texte difficile toute l'attention dont je suis capable, et, comme j'ai eu la faculté de revoir les épreuves sur le manuscrit, j'ai lieu de croire que mon édition est rigoureusement exacte. Toutes les difficultés sont indiquées en note.

Ayso es la rason de mi Juan d'Eyrolas [2], tesaurier de la villa de Seyna, del temps des nobles homes consols, so es asaber maistre Jorgi Raynaut [3], maistre Steve Falço e Juan Juran e Loïs Doenc [4], helegis l'an mil e quatre sent e onje, lo jort p[re]mier dal mes de jenoier, de totas las causas resaupues et payayas per mi contengūas jus en questa rason.

Au feuillet suivant, coté *j* :

[RECETTES]

Introitus rationis mey Jhoannis d'Eyrolis, tesaurari, de receptis per me.

1. E primierament [5], pausa aver recobra del noble Peyre Raols, revier de la reva del vin de l'an pasa, per sinc meses a mi tochant, a rason de cascun mes de florins vint e quatre e groses dos per cascun mes, [monta en soma florins cent e vint e groses des, que pauso aver agu del sobredic [6] Peyre Raols sus esperansa de recobrar........................ f. cxx, gr. x.

2. Item, pauso aver recobra de Peyre Arubert [7], revier de la reva del vin de aquest an en que sen, per sept meses a mi tochant, a rason de chascun mes

---

1. J'en ai fait reproduire une page pour l'École des chartes (Héliogr., nº 406).

2. Il y a, dans la Drôme, arr. et cant. de Nyons, une commune du nom d'Eyrolles.

3. Écrit *Raynāt*; de même plus loin. Ailleurs (258) *Arnāt* pour *Arnaut*.

4. Écrit *do enc*; plus loin, art. 13 *doenc*; dans les comptes latins *Ludovicus Doenqui*.

5. Ce mot est toujours écrit de même; on peut hésiter entre *prumirament* et *primiirament*, cette dernière forme étant évidemment inadmissible. Mais on peut croire que le copiste, en certains cas, écrivait *i* pour *e*; ainsi s'expliquerait *rivier* pour *revier* à l'art. 5 des recettes. Cf. *priichar* pour *preechar*, art. 240.

6. C'est bien *dic*, et non *dit*, quoique, dans cette écriture, le *c* et le *t* se ressemblent beaucoup.

7. A *Petro Aluberti* dans le compte latin de 1410 qui précède.

de florins vint e tres e groses quat[r]e per cascun mes, monta en soma florins sent he seysanta e tres e groses quatre, que pauso aver agu del sobredic Peyre, sus esperansa de recobrar...................... fl. clxiij, gr. iiij.

(Vᵒ) 3. Item pauso aver resaupu de maistre Ugo Baruier¹, revier de la reva del bla de l'an pasa, per sinc meses a mi tochant, a rason de cascun mes de florins sieys e groses sept per cascun mes, monta en soma florins trenta e tres, e gros un², pauso aver agu de aquel dic Mᵉ Ugo en soma fl. xxxij, gr. xj.

4. Item, pauso aver resaupu de Peyre Biart, revier de la reva del bla de l'an en que sen, per sept meses a mi tochant, a rason de chascun mes de florins sieys e groses dos per chascun mes, monta en soma florins quaranta e tres e groses dos que ay resaupu del sobredic Peyre Biart, fl. xxxxiij, gr. ij.

5. Item, pauso aver resaupu de Peyre Arubert, rivier de la reva de las taulas³ de l'an pasa, per sinc meses a mi tochant, a rason de dos florins per mes, monta en soma florins des que ay agu de aquel dic Peyre Arubert.
fl. x.

6. Item, pauso aver resaupu de Jaume Orsel, rivier de la reva de las taulas de l'an e que sen, per sept meses a mi tochant, a rason de chascun mes de groses vint e tres per chascun mes, monta en soma f. treye e groses quatre⁴, que ay agu de aquel sobredic Jaume Orsel........ fl. xiij, gr. iiij.

(Fol. ij) 7. Item, pauso aver resaupu mays de maistre Ugo Baruier, de la reva del bla, florins quatre e sous doje........................ fl. iiij, s. xij.

8. Item, pauso aver resaupu de Anth. Fabre Bastier, crencier de las cosa[s]⁵, de tot mon temps a ma rason tochant, florins quinje, deniers sinc, de que le dit creenciers n'a apodixa....................... fl. xv, d. v.

(En marge : Queritur computari de jur. cossiarum. — Computat.)

9. Item, pauso aver resaupu per la[s] charst de Paschas que sobravan, per vint e quatre lieuras venduas a maistre Steve Falco⁶, a la rason de sinc deniers que ieu pauso aver conpra, sous des....................... s. x.

---

1. A magistro Hugone Baruerii (ou Barnerii) dans le compte de 1410.

2. Ce total n'est pas exact : 6 florins 7 gros multipliés par 5 donnent 30 fl. 35 gros; or, 35 gros sont l'équivalent de deux fl. 11 gros (le florin se divisant en 12 gros); le total est donc 22 fl. 11 gr., ce qui est en effet le chiffre posé plus bas.

3. Dans les comptes latins : reverio reve postium.

4. Je trouve 13 fl. 5 gr.

5. Compte de 1414-5 : Item, recepisse ponit... a magistro Antonio Terracii emptore jurum cossiarum... (fol. ij). La cosse était un droit de mesurage; voy. Du Cange, cossa; Mistral, cosso. Le creencier (credentiarius) était l'adjudicataire de ce droit mis en régie; voy. C. Arnaud, Hist. de la viguerie de Forcalquier, II, 503.

6. Cet article est inintelligible. Heureusement il est écrit de nouveau au fol. iiij comme suit :

Summa summarum totius universalis introytus est florenorum quadringentorum trium, solidorum quindecim, denariorum novem.

Flor. iiij^c iij, s. xv, den. ix [1].

[DÉPENSES]

(Fol. iiij) *Exitus dicte rationis.*

1. E primirament, pausa aver paya lo dic Juan d'Eyrolas, tesaurier, en l'ostal del noble Peyre Bastart, qua[n]t li senor consol presterun jurament en las mans del noble Steve Melian, bayle de la cort real de la villa de Seyna :

Item, payey per una copa de vin.............................. s. vj, d. iiij.
Item, per dos dimeys de pume[n]t [2].................. s. iij, d. iiij.
Item, per pan e per figas e per avelanas................. s. iiij $\frac{1}{2}$ [3].

2. Item, pausa aver paya en la tarasa de Jaume Orsel, qua[n]t lo senor consol de Colobros [4] prestè jurament, despenden, en pan e en vin, en figas, en avelanas e en pument, sous quatre......................... s. iiij.

(V°) **3.** Item, pausa aver paya, per lo comandame[n]t das senors consols, quant monsener maystre Peyre Albert vendè lo Puey a la villa [5], en la maysou del noble Peyre Bastart, en pan e en fromagi e uos, groses dos... g. ij.
Item, per vin, sous sinc.. s. v.
Item, per tripas e trules, d. desahuec......................... s. j $\frac{1}{2}$.

En que foron li senor consol, maistre Loïs Molin, Me Ugo Baruier, Me Peyre Berriart, Ponset Brochier, Me Martin Bastart, Me Antoni Ysnart, Me Loïs Motet e diverses autres.

4. Item, pausa aver paya, per lo comandament das senors consols, aquelles

---

Item, pauso aver resaupu de maistre Steve Falco, per vint e quatre lieuras de chart de puerc que sobrerun de la chart de Paschas, sous des... s. .x.
Cet article est cancellé et on lit en marge *Supra est scriptum, et ideo can[cellatum]*.

1. Cette note finale du compte de recettes n'est pas de l'écriture du trésorier.

2. Il y a, dans l'article correspondant du compte suivant : *Item, pro nectare grossos duos*; ailleurs, *pro pumento*. Mistral enregistre *pumen*, forme alpine, sous *pimen*, sorte de boisson; mais ce mot n'est plus usité.

3. Je figure ainsi un signe qui ressemble à un ꝫ cursif, et qui signifie $\frac{1}{2}$.

4. Couloubrous, village dépendant de la commune de Seyne, à quelques kilomètres au sud de cette ville.

5. Cf. cet article du compte suivant : *Item, ponit solvisse dictus thessaurarius, die vicesima marcii, magistro Petro Alberti, notario, pro emptione facta de Podio, de mandato quo supra* (c.-à-d. *de mandato consulum*) *solidos viginti quatuor. Habet appodixam* (fol. 5 v°).

que donerun lo pan de Sancta Briga [1], sous tres, lo primier jort de febrier.

.... g. ij [2].

5. Item, pausa aver paya, per lo c. d. s. c. [3], lo .xxvj. del mes de febrier, aquelos que adoberun lo chamin per ont se vay a Lorela [4], sous doye [5]. s. xij.

(*Fol.* v) **6.** Item, pausa aver paya, per lo d. s. c. e de tot lo consel, al noble Mᵉ Gorgi Raynaut, consol, manda per tot lo consel a Madama la reina per lo fac de las enposecions del vin e del bla, e atresins per alcunas letras que manderun aquilli de Barsilona [6], ay paya aquel sobredic noble maistre Jorgy, florins tres... f. iij.

7. Item, ay paya, per lo c. d. s. c., a Juan lo Pegoloc per sinc querst [7] de papier que a pres maistre Paul Silvi notaris das dic (*sic*)consols, ay paya aquel dic Juan, g. sinc... g. v.

8. Item, pausa aver paya, per lo c. d. s. c., a Peyre Biart que donè lo pan de Sancta Briga de Sant Pons [8] d. vint... d. xx.

(*Vᵒ*) **9.** Item, pausa aver paya, per lo c. d. s. c. e das prodomes dal consel, a Pons Garsin e a Pons Jove e a Durant Barles, per una charjara de fusta pausaya en la bestore de l'ostal de maistre Paul Sillvi, ay paya aquelos sobredic un florin... f. j.

10. Item, pausa aver paya, per lo c. d. s. c., al noble Mᵉ Bertran d'Eyrolas clavari, per la copia de la carta del peagi e de la lesda, ay paya aquel sobredic g. tres... g. iij.

(*En marge :* Habeantur dicte copie. — Ass[eruit].)

Segon se las despensas facchas per la cominiun [9] de Pascha.

---

1. Dans le compte qui précède on lit : *Item ponit solvisse, die prima mensis februarii, quia die fuit festum beate Brigide, illis qui dederunt panem, de mandato dominorum consulum, grossos duos.* Y avait-il une confrérie de sainte Brigide ayant à sa tête un prieur? C'est ce que semblerait indiquer cet article du compte de 1416 : *Item, assignasse ponit priore sancte Brigide grossos duos, ut est consuetum* (fol. 4). Et dans le compte de 1418 (fol. v) : *Item, ponit solvisse dictus thesaurarius... prioribus done* (le don, la dona) *panis sancte Brigue, quando fecerunt dona, grossos duos.*

2. Le trésorier avait écrit *s. iij*, mais le contrôleur a remplacé ce chiffre par *g. ij*, et a écrit en marge : *admituntur grossi duo.*

3. Dorénavant j'abrège ainsi la formule *per lo comandament das senors consols.*

4. Je n'arrive pas à déterminer le lieu dont il s'agit ici ; peut-être le trouverait-on dans le compois de Seyne que je n'ai pas à ma portée.

5. *doye* est parfaitement lisible ; c'est pour *doze* ; pour la substitution d'*y* à *z*, cf. plus haut (R. 6) *treye* pour *treze* ; cet *y* devait se prononcer *j* (consonne).

6. Barcelonnette.

7. Cinq cahiers, faut-il corriger *qu'a*[*e*]*rst* (quaternos)?

8. Saint-Pons, village dépendant de Seyne, à 2 kil. est.

9. Je crois que cette lecture n'est pas douteuse. Dans le compte de 1412 qui suit on lit (fol. 7) : *Sequuntur expense facte pro cominicacione in festo Pascalis.*

11. Item, pauso aver paya al noble M⁰ Steve Falco, consol, per lo vin de la cominiun del jous sant e del sande sant, a[y] paya aquel sobredic sous dos, d, quatre ½. . . . . s. ij, d. iiij ½.

12. Item, pausa aver paya, per lo c. d. s. c., a Pons Pelicier, per dos copas de vin *(fol. vj)* que preserun lo jort de Pascha per la cominiun, per que d'aquel dic vin ac un dimiey mosen Andrieu, un autre n'ac mosen Juan Charer e un autre li mesagi; ay paya per las dos dichas copas sous treje, denier quatre. . . . . s. xiiij, d. iiij.

13. Item, pausa aver paya al noble Loïs Doenc, consol, per la cominiun de aquelos de Colobros, per una copa de vin, sous sieys, d. huec.
s. vj, d. viij.

14. Item, pausa aver paya, per lo c. d. s. c., qua[n]t fon faccha la dona de la charn de Pascha, en l'ostal del noble M⁰ Gorgi, consol ¹, ay paya, antre vin e uos, so es a saber sous sias. . . . . s. vj.

(Vᵒ) **15.** Item, pausa aver paya, per lo c. d. s. c., aquelos que deysenderun la canpana dal cluchier e la tornerun en la gleysa, ay paya aquelos sous quatre, d. tres. . . . . s. iiij, d. iij.

16. Item, fon pausaya pena de senc lieras ², per lo noble Steve Melian, bayle del *(sic)* cort real de la vila de Seyna, ad *(sic)* nobles maistre Gorgi Raynaut ³ e a maistre Steve Falco, consols de la diccha vila, que la porta de l'avant bari dal portal de mesiar Durant, que istava perilosament, que aquella dicha muralla ili fesesan adobar o abatre, per que li dic senor consol comanderun Antoni Porchier he a Peyre Rolant que illi o degesan abatre en la presencia del noble Peyre Bastart he de maistre Loïs Molin e de maistre Ugo Baruier e de diverses autres, per que fon de pati de donar aquelos sous siays. . . . . s. vj.

17. Item pausa aver paya, per lo c. d. s. c., a Peyre Isnart dal Verne, per quatre vinst *(sic)* he doye lieuras de chart de puerc, a rason de sinc deniers per chascuna lieura, ay paya aquel dit Peyre sous trenta huast, deniers quatre. . . . . fl. ij, s. vj, d. iiij.

(En marge : Qr (queritur) particularitas tota. — Ass[eruit].*)*

(Fol. vij) **18.** Item, ay paya, per lo c. d. s. c., a Pellegrin Verne, per trenta huest e dimieya lieuras de chart de puerc, a la rason sobrediccha, ay paya aquel dich Pellegrin sous seye. . . . . s. xvj.

---

1. Cf. ce passage du compte de 1412 (fol. 7) : *Item, ponit solvisse dictus thessaurarius... macellariis qui carnes porcinas ciserunt, pro vino, denarios duodecim.* — *Item ponit solvisse idem thessaurarius... dum fuit facta dicta dona in domo nobilis Petri Bastardi consulis, pro una cupa vini et mediis duobus, solidos septem, den. quatuor, ubi fuerunt domini consules et diversi alii, ut est consuetum.*

2. Pour *lieuras*

3. Ms. *Rayndt*

19. Item, pausa aver paya, per lo c. d. s. c., a Peyre Biart de Sant Pons per quaranta e huat lieuras e dimiaya de chart de puerc, a la rason sobrediccha, ay paya aquel dic Peyre sous vint, d. dos ⅓ .... s. xx, d. ij ⅓.

20. Item, reteno me, yeu Juan d'Eyrolas, tèsa[u]riar, per .lxxix. lieuras de chart de puerst, a la rason sobredicha, florins dos, d. unye..... f. ij, d. xj.

21. Item, pausa aver paya a Pons Petit, per lo c. d. s. c., per lxxxvij ⅓ lieuras de chart de puerst, a la rason sobrediccha, florins dos, sous quatre e mealla .... f. ij, s. iiij, obol. j.

22. Item, pausa aver paya a Marcha Mornan, per lo c. d. s. c., per sent e dos lieuras e dimeya de chart de puerc a la rason sobredicha, ay paya aquella dicha Marcha sous quaranta, groses dos e meala...... s. xl, gr. ij, obol. j.

(V°) **23**. Item, pausa aver paya a dona Juaneta Arnauda, per lo c. d. s. c., per lxviij lieuras de chart de puerst, a la rason sobredicha, ay paya aquela dicha dona Juaneta sous vint e quatre, d. dos .... s. xxxiij, d. ij.

24. Item, pausa aver paya a Peyre Arubert, per trenta e tres l[i]euras e dimeya de chart de puerst, a la rason sobredicha, ay paya aquel dic Peyre sous treye, d. unye e mealla.......................... s. .xiij, d. xj ⅓.

25. Item, pausa aver paya Antoni Biart de Sant Pons, per lo c. d. s. c., quant foron enchantayas las cosas [1], e le dic Ant. las anè creyser de un florin, ay li paya deniers doye.................................. d. xij.

26. Item, pauso aver paya en l'ostal del noble maistre Jorgi Raynaut, consol, qua[n]t foron enchantayas aquellas dichas cosas, despenden sous dos, deniers sinc, en que foron li senor consol, lo noble Peyre Bastart, M° Ugo Baruier, Ponset Brochier he diverses autres .... s. ij, d. v.

27. Item, pausa aver mays pay[a] per aquelas dichas cosas, qua[n]t forun donayas a credensaria al bastayron, en la tarasa de Jaume Orsel, en que forun li senor consol anbe una partia das conseliers, payè, so es a saber groses dos que despenden............................. g. ij.

(Fol. viij) **28**. Item, pausa aver paya a Loïs Isoart, per lo c. d. s. c., qua[n]t curè lo vala dal sementeri, ay paya aquel dic Loïs deniers desahuest, ... g. j, d. ij.

29. Item, pauso aver paya as Bonetons, per lo c. d. s. c., per una doyena d'escoenst que mes Peyre Randa (?) al cluchier que i era nesesaria, ay paya aquelos dic Bonetons gros un. .... g. j.

30. Item, dependeron aquili que los i meserun............... d. xv.

31. Item, ay paya a Loys Lebre, per un sent de senepas [2] de quatre meliers pausaya en aquela dicha obra, groses dos .... g. ij.

32. Item pausa aver paya Antoni Pelicier, de Pueymont [3], per lo c. d. s. c., que anè ausire lo lop al teraor de Colobros, ay paya aquel dic Ant. sous des. .... s. x.

---

1. Les cosses (voir p. 364, note 5).
2. Sorte de gros clous; voy. Mistral, sous senepo.
3. Piémont.

33. Item, pausa aver paya al noble Bertran d'Eyrolas, clavari de la cort real de la villa de Seyna[1], per la chavajaya de Pasqua[2], ay paya aquel dic clavari florins des, sous dos, d. sieys...................... f. x, s. ij ⅓.

Item, per l'apodixa, ay paya un gros........................... g. j.

(*En marge :* Qr apodixa. — Ass.)

(*Vo*) **34.** Item, pausa aver paya, per lo c. d. s. c., a Peyre Rolant he a Melon de Rochon que sonerun las campanas a las Rogaciu[n]s, per dos dimieys de vin, d. vint.............................. d. xx.

35. Item, pausa aver paya en la mayson de mosen Andrieu Lanier, quant donerun la canpana a refayre a maistre Inbert, payey, per lo c. d. s. c., antre pan e vin e crayetas[3] sous sinc e d. des, en que forun li senor consol e mosen lo retor, lo noble Peyre Bastart, Me Ugo Baruier, lo noble Peyre Raols, Me Loïs Molin, Me Peyre Bernart e diverses autres.

s. v, d. x.

36. Item, pausa aver paya, per lo c. d. s. c., en l'ostal del noble maistre Gorgi Raynaut, consol, qua[n]t foron enchantayas las revas, antre pan e vin, groses tres, en que fon monsen lo bayle an los senors consols he an diverses autres................. .... g. iij.

(*Fol. ix*) **37.** Item, pausa aver paya aquellos que anerun chasar l'ors, per c. d. s. c., que comanderun a tot home que lay degesa anar, que disian genst que l'ors era al bosc del Lobet, per que me comanderun li senor consol, quant forun vengu, que yeu los donesa una copa de vin, paguiey sous siays e d. quatre................................ .... s. vj, d. iiij.

38. Item, pausa aver paya, per lo c. d. s. c., quant donerun a Martin Remusa a far lo cortil das polins[4], ay paya en l'ostal del noble Peyre Masot, antre pan e vin, un gros.................................. g. j.

---

1. Il était bailli et capitaine de la ville de Seyne et remplissait l'office de clavaire de la cour royale depuis janvier 1401 (Arch. des B.-du-Rhône, B 1748).

2. Dépense qui est inscrite dans tous les comptes. Depuis le comcement du XIVe siècle au moins le service de chevauchée avait été racheté par presque toutes les communautés. On sait d'ailleurs que l'échéance du droit qui l'avait remplacé avait lieu à Pâques; voy. C. Arnaud, *Hist. de la viguerie de Forcalquier*, II, 469 et suiv.

3. Je ne connais pas ce mot dont la lecture est douteuse. La première lettre peut être un *t*, et entre cette lettre et l'*r* il peut y avoir un *o* ou un *e*.

4. Ce « courtil », dont il sera encore question plus loin, devait être un haras. On faisait jadis beaucoup plus d'usage des chevaux que maintenant, dans la Haute-Provence, non seulement pour le dépiquage des blés qui n'a cessé qu'à une époque très récente, mais pour les transports en montagne. Au commencement de ce siècle, les routes praticables aux voitures étaient rares, dans les Alpes. Le vin, par exemple, se transportait dans des outres qu'on chargeait sur les chevaux.

39. Item, pausa aver paya en l'ostal de Alsias Raynaut, per lo c. d. s. c., que donerun la benvengũa a maistre Jorgi de Mayronas[1] que se relaci[u]n de alcunas chausas que li avien comes li senor consol an tot lo consel, per que ay paya per sa benvengũa groses dos, antre pan e vin e fromagi, en que fon mosen lo bayle, lo noble Alsias Jordan, M⁰ Ugo Baruier, lo noble Peyre Bastart, M⁰ Loïs Molin, M⁰ Durant Verne, Ponset Brochier, M⁰ Ant. Marguallan e diverses autres . . . . g. ij.

(*V⁰*) **40.** Item, pausa aver paya, per lo c. d. s. c., per una peyra grosa aduscha anbe mos buos, en que fon Peyre Janselme he Loïs Isoart he Pons Martin, que la buterun sobre la lieya he aduysen la desos la bestore per metre la sobre la gratusa[2] de las fonst, pauso aver paya, per despensa he per adure, groses tres . . . . g. iij.

41. Item, pauso aver paya per dos belsayas[3] de arena he per un sestier e dimiey de chaus . . . . s. iij.

42. Item, pauso aver paya Ant. Porchier, que menè aquela diccha pey[r]a, un gros . . . . g. j.

43. Item, pauso aver paya per aquelos que l'ajuerun a metre sobre la murala, despenderun dos dimeys de vin . . . . d. xx.

44. Item, pauso aver paya aquelos que repararun lo beal nou florins dos . . . . f. ij.

45 Item, pausa aver paya per la benvengũa de Juan de Vannas[4], per lo c. d s. c., sous dos, deniers dos, que aduys letras contra diversa[s] personas d'esta villa, per exigir las latas[5], per que las dichas letras el non presente . . . . s. ij, d. ij.

---

1. Meyronnes, canton de Saint-Paul, arr. de Barcelonnette.

2. *Gratuso* signifie actuellement « râpe », voy. Mistral. Mais ce sens, qui est constaté anciennement (Du Cange, GRATUSA), ne convient pas ici. Ce doit être un tuyau, une conduite d'eau ; cf. ce passage du compte d'Étienne Falcon (1413) : « Die .xx. junii (1413) accessit nobilis Petrus Rodulphi, « consul, et cum eo M. P. Bernardus... ad videndum ubi aqua fontium per-« ditur, que non intrat villam, sed penitus caret ; et dum fuerunt, invene-« runt in quadam terra Antonii Melve (?) quamdam *gratutam* clausam que « non permittebat aquam venire quia erat clausa » (fol. x).

3. *Belusso* désigne actuellement une sorte de panier ; voir Mistral.

4. C'était un fonctionnaire de la chambre des comptes d'Aix, voir le texte cité à la note suivante.

5. Late, amende imposée en raison d'un retard dans le payement d'une taxe. Du Cange, LATA. Mais ce terme désignait plus particulièrement, en Pro-vence, un droit que tout plaideur était tenu d'acquitter dès l'introduction de l'instance (C. Arnaud, *Hist. de la viguerie de Forcalquier*, § 187). La late est triplée lorsque le débiteur nie sa dette (Coriolis, *Traité sur l'administration du Comté de Provence*, I, 181). — Dans le compte suivant, il y a (fol. 5) un article analogue : « Item ponit solvisse dictus thessaurarius, de mandato dominorum

46. Item, pauso aver paya a Loïs Isoart, per despensa facha per lo dic Loïs, d seje.. g. .j.

(*Fol. x*) **47.** Item, pauso aver paya, per lo c. d. s. c., a maistre Paul Silvi groses tres per tres letras, una sitatoria he monetoria he gravatoria [1], lasquals la vila an enpetrayas contra aquelos que an scrituras que tochun a la villa.
g. iij.

. (*En marge* : Habeantur dicte littere. — Ass.)

48. Item, pauso aver paya, per lo c. d. s. c., a Peyre Jordan he a Bertolmieu Barles, deniers des, que deysenderun la p[e]chota canpana dal cluchier.
d. x.

49. Item pauso aver paya, per lo c. d. s. c., a Bertran Paulon manda hen Creols [2], a mosen Sufren Taras, per spiar si aquilli de Barsilona [3] avian achanpa jenst, ay paya aquel dic Bertran, per tres jorst que i vaquè, groses huest.
g. viij.

50. Item, pauso aver paya a Martin Isnart, per lo c. d. s. c., manda per tot lo consel a Meulans [4] per quere una grosa corda nesesaria a levar la canpana, ay paya al dit Martin groses tres......................... g. iij.

(*V°*) **51.** Item, pauso aver paya, per lo c. d. s. c., al barbier manda a Sant Paul [5] per espiar si aquilli de la val de Mont [6] fasian achanpt de jenst, per que ay paya aquel dit Barbier, per quatre jorst que i vacè [7] per espiar totas novellas, florin un................................... f. j.

52. Item, pauso aver paya al noble maistre Jorgi Raynaut, consol, manda hen Arle a Madama la reïna [8] per enpetrar las letras de la reva, tant per son

---

consulum, Johanni Vandis, viceclavario curie camere racionum Aquensis, qui vole bat exigere latas tam a diversis personis ville quam bajulie, et convenerunt cum eodem supradicti domini consules ad florenos duos. »

1. Pour la *letra sitatoria* et la *letra monetoria*, voir Du Cange, LITERÆ CITATORIÆ et LITERÆ MONITORIÆ; la *letra gravatoria* comportait la saisie (Du Cange, GRAVATORIA).

2. Crevoux, H.-Alpes, cant. d'Embrun. Les formes anciennes citées par M. Roman, dans son *Dict. topog. des H.-Alpes*, sont *Crevolum, Crevols, Creoux*.

3. La vallée de Barcelonnette appartenait alors au comte de Savoie.

4. Meolans, cant. du Lauzet, au N.-E. de Seyne, dans la vallée de Barcelonnette.

5. Chef-lieu de cant. de l'arr. de Barcelonnette, dans la partie haute de la vallée.

6. La vallée de Barcelonnette, en latin *vallis Moncium* ou *vallis Moncii*. Voy. l'inventaire sommaire des Archives départementales des Bouches-du-Rhône, par M. Blancard, II, 150 (B 1740).

7. Il faut prononcer *vaquè*; cf. art. 49.

8. La reine Yolant résida à Arles du 20 mars 1412 au 25 octobre de la même année; voir la chronique de Bertran Boysset à ces dates.

viagi quant per so que costan las dichas letras; item, e per un jort que a vaca le sobredic a Rochabruna [1] en anar quere la corda on [2] que leverun la canpana sus al cluchier, ay paya aquel sobredic florins vint e sinc he groses set.

f. xxv, g. vij.

53. Item, pausa aver paya, per lo c. d. s. c., à Peyre Jordan groses dos, deniers .v., que anè adobar las canpanas de Sant Pons he i fe una telola [3].

g. ij, d. v.

54. Item, pauso aver paya, per lo c. d. s. c., aquelos de Cardaon [4] que preserun dos orsons joves e dos puerst senglars joves he un gros puerst, ay lor paya sous trent . . . . s. xxx.

(Fol. xj) 55. Item, pauso aver paya, per lo c. d. s. c., en la mayson del consola, quant anerun afermar lo barbier, groses dos, antre pan e vin, en que foron li senor consol, lo noble Peyre Bastart, Po[n]set Brochier, Ugo Horona [6] . . . . g. ij.

56. Item, pausa aver paya en la mayson del noble Peyre Raols, per lo c. d. s. c., quant lo n[o]ble maystre Jorgi Raynaut, consol, aduys las letras de la reva [7], he quant s'en carcerun li revayre, ay paya, antre pan he vin he una cueysa de vel he tripas he fromagi he specias, so es asaber sous doye e dimiey [8], en que forun li senor consol, lo noble Peyre Bastart, maystre Ugo Baruier, Me Loís Molin, Me Martin Bastart, Ponset Brochier, Me Loís Motet, Martin Isnart, Me Ant. Isnart, Peyre Biart, he diverse[s] autres.

s. xij ½.

---

1. Rochebrune, H.-Alpes, cant. de Chorges, sur la r. g. de la Durance.

2. Sic, on attendrait plutôt an.

3. Probablement le même que le prov. mod. talholo (Mistral, TAIOLO), poulie. Saint-Pons dépend de la commune de Seyne.

4. Chardavon, village dépendant de la com. de Seyne.

5. Cette somme doit se décomposer en trois parties égales : 10 sous pour les deux oursons, autant pour les deux marcassins, et 10 sous encore pour le gros sanglier. C'était le tarif : Compte de Martin Isnard, 1410 (fol. 4) : *Item pono solvisse... Anthonio et Durando Boneti fratribus, pro duobus parvis ursis quos receperunt in eysardis, juxta statutum super hoc factum, soludos decem.* — Compte de Michel Barthélemi, 1412 (fol. 11 vo) : *Item, ponit solvisse dictus thessaurarius, mandato quo supra, Johanni Martini qui recepit unum asper sive senglar parvum, solidos quinque, juxta capitulum super hoc factum. — Item ponit solvisse dictus thessaurarius... die prima setembris Durando Barolis et Poncio Garcini de Chardaono, qui ceperunt unum asper magnum, solidos decem juxta capitulum super hoc ordinatum.* Cf. art. 264.

6. Pour Honora.

7. Cf. § 52.

8. Ms. dimiey.

57. Item, pausa aver paya, per lo c. d. s. c., a Hugo Horona, per lo bandon ¹ de Colobros, sous set............................... s. vij.

(*V*°) **58.** Item, pausa aver paya, per lo c. d. s. c., en la mayson del noble Peyre Bastart, sous tres, antre pan he vin, qua[n]t anerun li senor huficial e li senor consol, M⁰ Ugo Baruier, M⁰ Loïs Molin he diverses autre[s] regardar la sala de la tore, si istava ben, he manjen de bescuec............ s. iij.

59. Item, pausa aver paya, per lo c. d. s. c. he de tot lo consel, a maystre Beynet Juian, per sos gagis de l'an pasa, que Martin Isnart fon tresaurier, so es a saber, florins vint................................. f. xx.

(*En marge :* Qr apodixa. — Ass. — Tamen qr doceri de ordinacione.)

60. Item, pausa aver paya e la mayson del noble Peyre Bastart, quant li senor uficial anerun al Puye ² anbe los senors consols he an diverses prodomes de la vila, per regardar ço que se tenia per nostre senor lo re e per los autres que i avien demanda, he aven despendu so qu[e] s'en sec :

Primierament, al prumier beure, sous tres............ s. iij.
Item, per chart de moton......................... s. vj., d. x ⅓.
Item, per fromagi................................. g. j.
Item, per agriotas ³............................... d. xij.
Item, per menuest ⁴............................... d. vj.
Item, per pan.................................... s. ij.
Item, per vin.................................... s. xvj, d. iij.
Per lo trabal del ostal ⁵......................... g. iij.

(*En marge :* Qr particularitas.)

(*Fol. xij*). **61.** Item, pauso aver paya a Guillem Payan, per lo c. d. s. c., que adobe lo pas de las fontetas ⁶, g. dos..................... g. ij.

62. Item, pauso aver paya a mosen Peyre Vinatier (?), per lo c. d. s. c., per lo loyer del pra de la montana de Colobros, groses sieys....... g. vj.

(*En marge :* Qr apodixa. Cum non essent ordinati dari nisi grossi quatuor, et ipse computet de sex, superflue computat de duobus, et nichilominus cum ipse dominus Petrus teneatur universitati pro reparacione aule et pertinentie(?) ecclesie de Colobrosio, pro rata eum contingente, in flor. septem et ultra, juxta cognitionem domini Dignensis episcopi, non admituitur.)

63. Item, pausa aver paya, per lo c. d. s. c., al noble Steve Melian, bayle de la cort real de la vila de Seyna, florins sinc, que li villa li donè... f. v.

---

1. Il faut lire *brandon*; il est question de ce *brandon* dans tous les comptes. Compte d'André Honorat (fol. 20 v°) : « pro reparatione brandoni de Colobrosio. » Je ne sais ce que c'est.

2. Ce lieu, qui doit être voisin de Seyne, n'est pas marqué sur les cartes.

3. Des griottes, des cerises aigres.

4. Plur. de *menuet*, sorte de pâte; Mistral, MENUDET.

5. *Pro labore hospicii* dans le compte suivant; ce sont les frais de cuisine et de service.

6. « Petites fontaines »; ce lieu n'est point marqué sur les cartes.

64. Item, pauso aver paya al noble Bertran d'Eyrolas, clavari, per lo lau [1] del Puey, tochant a la cort, groses vint e dos e dimey. . . . . g. xxij ½.

(*En marge :* Qr instrumentum laudimi et apodixa. — Ass. apodixam.)

65. Item, per la bota, deniers quatorje. . . . . d. xiiij.

66. Item, pauso aver paya, per lo c. d. s. c., al barbier [2], en estenuation de sos gagis, grosses desauec, en la presentia del noble Peyre Bastart.
. . . . g. xviij.

67. Item [3], pausa aver paya al noble maistre Jorgi Raynaut, consol, que anè a Tarascon a Madama la reyna, florins quatre per son viagi. . . . f. iiij.

leu, Juan d'Eyrolas, ho ay conta autra part ; per amor d'aquo o ay cansella.

(*V°*) **68.** Item, pausa aver paya, per lo c. d. s. c., en l'ostal de maistre Ugo Baruier, que donerun a disnar al noble Juan lo maistre, a lias (*lis.* las) gens d'armas he a Juan Crota (?) he a sopar atresins, en que forun li senor consol mosen lo bayle, mosen lo clavari, lo noble Peyre Bastart, maistre Loís Molin, M° Peyre Bernart, Ponset Brochier, Giraut Margullan, Peyre Biart, Ugo Horona, Martin Isnart he diverses autres.

69. He primeyrament, per chart de mouton al disna[r], sous quatre, deniers sinc . . . . s. iiij, d. v.

70. Item, per una galina. . . . . d. xx.

71. Item, per dos capons que forun de maistre Ugo Baruier. . s. iiij.

72. Item, per specias e fromagi . . . . g. j.

73. Item, per pan . . . . g. j.

74. Item, per mostarda . . . . d. iiij.

75. Per uos . . . . d. iiij.

76. Item, vin . . . . s. vj, d. iiij.

Al sopar.

77. Item, per tres galinas . . . . s. iiij, d. iiij.

78. Item, per cart de moton . . . . s. iij ½.

79. Per pan . . . . g. j.

80. Item, per vin . . . . s. vj, d. viij.

81. Per l'art . . . . d. viij.

(*Fol. xiij*) **82.** Item, per arangils . . . . d. viij.

83. Item, per trabal de ostal . . . . s. iiij.

84. Item, per los rosins [4] . . . . s. ix, d. iiij.

85. Item, que an despendu l'uraylet (?) aquo dal grant Guilhem . . . . s. iij ½.

---

1. Il s'agit probablement d'un droit de lods payé au clavaire de la viguerie pour l'acquisition de *Puey*, qui a été mentionnée à l'art. 3 ; une autre dépense relative au même objet figure à l'art. 253.

2. Cf. art. 55. C'était probablement un chirurgien et médecin. Compte de 1409 (fol. xij) : *Item, ponit solvisse magistro Benedicto judeo, fisico, pro gagiis suis flor. xviij).* Cf. le compte de 1412, fol. 6.

3. Cet article est cancellé.

4. Le même que *rossins, rocins,* des chevaux de charge.

86. Item, pausa aver pay[a] en la mayson del noble Peyre Bast, qua[n]t lo noble maistre Jorgi Raynaut fon elegis de anar a Madama la reina, g. quatre e dimiey, en que foron li senor consol maistre Peyre Bernart, M⁰ Loïs Molin, Ponset Brochier, Giraut Marguallam, que aquilli senor anerun capitular e far suplicasions he memorials, aquel dit senor consol ay paya per despensa... g. iiij ½.

(En marge : Queritur particularitas. — Docuit.)

87. Item, pausa aver paya, per lo c. d. s. c., quant lo consol de Meulans venc notificar que li pastre proensal degesan tornar en lor tera he lor doné segurtansa, despenden en pan e en vin he en cart, sous des, en que forun li senor consol, lo noble Peyre Bastart, M⁰ Loïs Molin, M⁰ Ugo Baruier, Giraut Margullan, Peyre Biart e diverses autres................... s. x.

(Vᵒ) **88.** Item, pausa aver paya en l'ostal de maistre Ugo Baruier, per un sopar dona al noble maistre Juan Arnaut de Ax, m. rasional ², en que foron li senor consol, lo noble Steve Melian, bayle, lo noble Peyre Bastart, M⁰ Peyre Bernart, M⁰ Loïs Molin, Ponset Brochier, G[i]raut Marguallam, Ugo Horona, Peyre Biart, maystre Peyre Arnaut e diverses autres, ay paya so que s'en seé : ....

89. Prumierament ¹, per cart de moton................... s. iiij.
90. Item, per una spalla de vel...................... s. ij.
91. Item, per dos spallas de moton................... s. ij.
92. Item, per dos pollases .... g. ij.
93. Item, per quatre capons he dos galinas que foron de maistre Ugo Baruier.................................. s. x.
94. Item, per specias................................ s. ij, d. viij.
95. Per pan... s. ij.
96. Per vin... g. v, d. x.
97. Per gengibre blanc.............................. d. iiij.
98. Per candelas.................................... d. x.
99. Item, per trabal de ostal, antre lena he frucha he lart.. g. iiij.
100. Item, qua[n]t anem contar l'endeman, despendiey... s. ij.
                                                f. iiij, s. x, d. x.

(Fol. xiiij) **101.** Segon se las despensas fachas per la canpana.

102. E primierament pausa aver paya, per lo c. d. s. c. he das prodomes dal consel, las chausas que s'en segon :

(En marge : Qr particularitas.)

_____

1. Voir la note de l'art. § 50.

2. Les maîtres rationaux (*magistri rationales*) étaient des fonctionnaires chargés, en vertu d'une ordonnance de 1367, d'entendre et de juger les comptes des trésoriers (Coriolis, *Traité sur l'admin. du Comté de Provence*, I, 457; cf. III, 181 et suiv.).

3. Ici il y a bien lisiblement *prumierament*.

103. Primierament per vint e sinc senepas................... d. viij.

104. Item, per sinc lieuras he dimia de carbe.................. s. ij ½.

105. Item, per una licra de saïn........................... d. vj.

106. Item, per dos post de melse[1] que ferun lo tort[2]........... s. ij.

107. Item, per dos saumayas de tera que anè quere Juan Arnaut, per veyre si fora bona... d. x.

108. Item, per quatre feysenayas[3] de carbon agūas de Jaume Julian de Sallon[4]... s. vj, d. v.

109. Item, per una leaya[5] de lena........................ d. xx.

110. Item, per lo port del metal e per lo peagi de Ubaya[6]..... g. iiij ½.

111. Item, per tres leay[a]s de lena que forun de la confrayria. g. iij.

112. Item, per uos nesesaris al molle.................... g. ij.

113. Item, per vint e sint senepas per far la chapa[7]......... s. ij ½.

114. Item, per dos leay[a]s de lena....................... s. iij ½.

115. Item, per una colonbeta de fere en que ista le batals[8].

g. iij.

116. Item, per tres sercles que mes Peyre Rolanst en la chapa. d. xij.

117. Item, per sinc lieuras e dimieya de carbe.............. s. ij ½.

118. Item, per quatre feysenayas de carbon................. s. vj.

(V°) 119. Item, ay paya a Juan Taral per sinc lieuras de stan[9] he un cartayron e una lcaya de lena............................... s. xij.

120. Item, a Pons Pelicier per sinc lieras de stan............ s. x.

121. Item, ay paya al noble maistre Steve Falco, consol, per sept leuras e dimieia de stan..................................... s. xv.

122. Item, a Antoni Isoart, per sieys lieuras e dimiea de stan.... s. xiij.

123. Item, a mosen Steve Roman, per dos lieuras e un cartayron de stan s. iiij. d. vj.

124. Item, a maistre Antoni Isnart, per unje lieuras de stan... s. xxij.

125. Item, per sieys stachas[10] agūas de Martin Isnart........... s. ij ½.

---

1. Mélèze, merze dans le Queyras.

2. Cf. l'art. 200, qui n'est pas plus clair.

3. Charges, mot dérivé de fascis.

4. Sellonet, à quelques kil. au N.-O. de Seyne.

5. Lat. ligata, un fagot ; ce mot désigne probablement une mesure.

6. Ubaye, cant. du Lauzet, près de l'endroit où l'Ubaye se jette dans la Durance.

7. Probablement le toit en bois qui recouvrait la cloche ; Mistral, CHAPO et CAPO.

8. Le battant de la cloche, Raynouard, BATALH (II, 196).

9. Ici et plus bas j'écris de stan conformément à l'usage suivi en d'autres mots de ce compte.

10. Des attaches, des crampons ?

126. Item, per sinc cordas............................... d. xx.

127. Item, per un drolon de fere¹....................... s. iiij.

128. Item, per huest lieuras de seu fondu................... g. iiij.

129. Item, per un jornal de buos fac per lo mesagi de maistre Ugo Baruié a la tera....................................... s. v.

130. Item, per sieys jornals de buos nesesaris, antre tera he arena e rama per far lo fornas.. s. xxx.

131. Item, per dos lieuras de sira........................... s. vj.

132. Item, per dos dimies (?) de vin........................ d. xx.

133. Item, per bera²................................... d. iiij.

134. Item, per sayin...................................... d. iiij.

135. Item, per una lieura de rista........................ d. xiiij.

(Fol. xv) 136. Item, per dos liayas de lena............. s. iij, d. iiij.

137. Item, per tres quarta]est de vin....................... d. xv.

138. Item, ay paya Antoni Porchier e a Pons Saornin que feron los cavalest, tan per despensa quant per nuyri los, groses sinc.......... gr v.

139. Item, per dos lieuras de saïn que doniey a Jaume Manfré que anè honer sa boseas (sic)............................... d. xij.

140. Item, per candelas de seu........................... d. iij.

141. Item, ay paya, quant se fondè lo metal, en pan........... g. j.

142. Item, mays per pan................................ d. .x.

143. Item, per diversas chausa[s] agüas del noble Mᵉ Steve Falco, consol, he trabal de ostal, groses sies............................. g. vj.

144. Item, ay paya ieu Juan d'Eyrolas, tesaurier, en argent a maistre Aubert, maistre de la canpana, florins dos, groses quatre e dimiey. f. ij, g. iiij,

145. Item, ay mays paya aquel dit maistre Honbert, per las mans de la Bastiera, que lay o a despendu, groses quinje e dimiey...... g. xv, d. viij.

146. Item, ay paya a Peyre Alfant per un jornal per si fac quant se fondia lo metal, sous dos................................... s. ij.

147. Item, per un autre jornal que i fe Loïs Isoart............. s. ij.

148. Item, per una talaoyra he una leaya de lena que presen aquo de Juan Audemar quant se fondia lo metal, ay paya sous siays............ s. vj.

149. Item, per una plata de fusta agüa de Boliegon³ per far los cava-lest.. g. ij.

150. Item, per un trau pres al noble Peyre Bastart............. s. ij.

151. Item, per un pechot trau pres a Peyre Jordan............ d. vii.

152. Item, per dos teloirens (ou telonens?) hobras............ g. j.

1. J'ignore ce que signifie drolon.

2. Ce mot, qui signifie proprement brancard, bière, est employé en Dauphiné au sens de tombereau (Mistral, BERO).

3. Le même qui est appelé plus loin (art. 160) Bolegen.

(V°) 153. Item, aven agu de Pons Pellicier de vin una copa, d'autra part d'aquel dic Pons lxxxj ½ cartalest de vin, montan en soma florins dos e dimiey, deniers sept e meala.................................... f. ij ½, d. vij ½

154. Item, per quinje cartalest de vin preses aquo de la Bastiera, ay paya sous sieys, deniers tres,................................... s. vj, d. iij.

155. Item, ay paya, ieu Juan d'Eyrolas, per sies dimeys de vin he un dimie cartalet... s. v, d. iij.

156. Item, ay paya mas a dona Jauma Arnauda per un dimiey de vin. d. x.

157. Item mays, d'aquela dona Jauma, per pan................... g. ij.

158. Item, ay paya a Steve Claret per pan....................... s. ij.

159. Item, ay paya Guillem Pelicier per pan.............. s. ij, d. ij.

160. Item, per una pechota plata agùa de Bolegen.............. d. x.

161. Item, per tortons ! .... d. xiiij.

162. Item, per una lieura de seu fondu..................... d. viij.

163. Item, per quatre jornals que a ista Peyre Pintest (?) en la diccha hobra, li ay paya sous huec,............................... s. viij.

164. Item, ay paya per fromagi............................ d. iiij.

165. Item, ay paya a Peyre Rolant, quant anè quere las cl[a]us de l'archieu... d. v.

166. Segon se las despensas fachas quant se levè li canpano.

167. E primierame[n]t en vin, sous tres, deniers quatre,... s. iij, d. iiij.

168. Item, per dos tripas............................... d. viij.

(Fol. xvj) 169. Item, per pan.......................... d. viij.

170. Item, per fromagi................................ d. vj.

171. Item, ay paya al fil de Peyre Raynier de Bresiers que aduys la corda de Rochabruna, per levar la canpana, ay paya aquel dic... s. iij, d. iiij.

172. Item, per Michel Bertolmieu que lay tornè la diccha corda, li ay paya.. g. ij.

173. Item, ay pay[a] per vin que strenerun lo fustier,........ d. v.

174. Item, per cart de moton............................ s. ij ½.

175. Item, per pan.................................. d. viij.

176. Item, per sept cartalest de vin.................... s. ij, d. xj.

177. Item, per sain que anerun honer lo suart ? dal batal...... d. ij.

178. Item, ay paya per lo vin que begron al cluchier quant levavan la canpana... s. ij ½.

179. Item, quant s'en isirun del cluchier aquilli que ajuerun levar la canpana, despenderun, antre pan he vin,................... s. iij, d. ix.

180. Item, quant se anerun sopar, aquilli que leverun la canpana, despenderun per cart.................................... s. ij.

---

1. Gâteaux en forme de tourte.
2. Bresiers. H.-Alpes, cant. de Chorges.
3. Probablement le prov. mod. *souat* (Mistral), cuir mou qui servait à suspendre le battant de la cloche.

181. Item, per pan................................... g. j, d. ij.

182. Item, per vin.................................... s. ij, d. j.

183. Item, per candelas e trabal de ostal........ .... s. ij.

184. Item, lo segont jort que leverun la canpana.

185. Item, per agriotas... d. iij.

186. Item, per dos spallas de moton...................... . s. ij.

187. Item, pausa aver paya per las mans de Peyre Alibert a Jaume Julian de Sallon¹, per quatre feysenaas de carbon, sous sept.......... s. vij.

(*V°*) **188.** Item, per vin............................. .... d. viij.

189. Item, per un fromagi e la meyta de vin, despendu per lo noble Ste[ve] Falco, consol.................................. g. j. d. vj.

190. Per lo trabal dos fustiers.

191. E primierament ay paya a Mᵉ Loïs Motet, per son trabal, groses quatre........ .... g. iiij.

192. Item, a Peyre Jordan, groses quatre................... g. iiij.

193. Item, a Peyre Rolant, groses tres....................... g. iij.

194. Item, ay paya a Mᵉ Martin Tornel groses huec........... g. viij.

195. Item, a Peyre Alfant.................................. s. ij.

196. Item, ay paya a Jaume Manfré que adobè lo batal, e per los claveus, groses huec... g. viij.

197. Item, anerun strenar maistre Onbert de un quartalèt de vin.   d. v.

198. Item, ay paya per lo suart del batal groses dos............. g. ij.

199. Item, ay paya Antoni Segoin, per la corda que li anerun ronpre, groses tres.. g. iij.

200. Item, ay paya per un gros trau que ferun lo tort........... g. j.

201. Item, ay paya a Peyre Biart que uelè la canpana.......... s. ij.

202. Item, a Loys Martin que uellè am lo dic Peyre Biart...... g. j.

203. Item, rancura se le dic tesauriers de una destral que li perdèrun qua[n]t fasian lo fornas.

204. Item mays atresins que li ronperun una culiera de fère.

205. Item, mays atresins que li perderun la porta en que baterun la tera.

206. Item, atresins li ronperun una pla[ta] de fere............. s. ij².

(*En marge :* Cum consilium sit informatum quod, mandato magistri campanarum; retinuit a manobriis (?), ideo rationabiliter non admituntur, nisi de speciali gracia. Admituntur sibi soludi (*sic*) duo.)

(*Fol. xvij*) **207.** Item, pausa aver paya, per lo c. d. s. c., a mosen Peyre Bru per sonar las campanas per lo temps, antre diversas ves, f[l]orins dos. f. ij¹.

---

1. Selonnet, cant. de Seyne.

2. Ce chiffre, qui se rapporte aux art. 202-205, est écrit d'une autre main; il y a en marge, de la même main, une note des auditeurs des comptes concernant cette allocation.

3. On trouve, dans chaque compte des allocations pour sonneries de cloches en temps d'orage, mais généralement la rétribution est moins élevée;

(*En marge* : Excessive computat, et etiam queritur doceri de diebus et particularitate : admituntur sibi grossi decem et octo.)

208. Item, pausa aver paya ledic tasariers, per lo c. d. s. c., a Peyre Isnart, manda a Barsilona per espiar si fasian achanpt de gent, ay paya aquel dic Peyre groses siays.. g. vj.

209. Item, pausa aver paya, per lo c. d. s. c., quant se rendè la rason de Alsias Raynaut e de Jaume Orsel, de Ponset Brochier, de Andrieu Horona et de Martin Isnart, que fon lo segont jort del mes de octobre.

210. E primierament pauso aver paya en la tarasa del noble M. Jorgi Raynaut, cónsol, al prumier beure, en pan e en vin.................. g. j.

Al disnar :

211. Item, per cart salayaa (*sic*)........................... d. iiij.

212. Item, per cart de mouton....................... s. ij, d. iiij.

213. Per mostarda............................... d. iiij.

214. Item per vin............................... s. ij ½.

215. Per pan............................... g. j.

216. Item al gostar, per vin............................... d. xx.

Al sopar :

217. Item, per cart de moton............................... s. iij.

218. Item, per cart salaya............................... d. iiij.

219. Item, per pan............................... g. j.

220. Item, per specias............................... d. xij.

221. Per mostarda............................... d. iiij.

222. Item, per candelas............................... d. v.

223. Per vin............................... s. v.

En que foron li senor consol, lo noble Peyre Bastart, (*v°*) maistre Loís Molin, M⁰ Ugo Baruier, M⁰ Peyre Bernart, Ponset Brochier, M⁰ Anthoni Isnart, Peyre Bia[r]t, Juan Moynier, Ugo Melba e diverses autres.

224. Lo segont jort que foron en las dichas rasons.

225. Item, pausa aver paya, per lo c. d. s. c., en l'ostal sobredic del noble M⁰ Gorgi, al disnar :

226. Primierament en pan............................... g. j.

227. Item, per cart de moton............................... s. ij, d. iiij.

228. Item, per cart salaya............................... d. iiij.

229. Item, per vin, sous quatre e dimiey............................... s. iiij ½.

230. Item, per mostarda............................... d. iiij.

231. Item, al gostar, antre pan e vin e fromagi............................... g. ij, d. v.

232. Item, al sopar per tres spallas e per una cueysa de mouton e per pan

---

ainsi dans le compte de Raynaud, 1410 : *Item ponit solvisse dicta die* (20 août) ...*pro illis qui pulsarunt campanas pro tempestatibus evitandis, sol. iiij* (fol. viij v°). Sur cet usage, qui s'est continué longtemps, on peut voir C. Arnaud, *Hist. de la viguerie de Forcalquier*, II, 381.

e per vin e per especias e per candelas e diversas autras chausas, ay paya
sous unje, deniers sies .... s. xj, d. vj.

233. Pueys foron comesas las dichas rasons al noble Peyre Bastart, a
maistre Loïs Molin e a maistre Ugo Baruier e a Mᵉ Peyre Bernart, a Ponset
Brochier, he mi en lor conpania.

234. Item, an despendu, en diversas ves que son agu ensemps per
aquellas dichas rasons, antre pan e vin e chart e fromagi e autras chausas,
florins dos, sous quatorje, d. sept................... f. ij, s. xiiij, d. vij.

(Fol. xviij) **235.** Item, pauso aver paya, per lo c. d. s. c., a Juan Raynaut
de San Visens ¹ que aquel dic Jua[n]s aduys de novel que las genst de la val
de Mont ² se an achanpayas per venir desenre (?) en esta val, per que mosen
lo bayle me comandè que aquel dic Juan ieu dones un gros......... g. j.

236. E fon aordena que Peyre Biart anes a Barsilona e Juan Moyniers anes
a Colmarst ³, a Mᵉ Gorgi, que era a Colmarst, ay paya aquel dit Peyre e aquel
dic Juan, antre totres (sic), groses sept...................... g. vj ⁴.

237. Item, despenden aquel dic jort, en que fon mosen lo bayle li senor
consol e li conselier, en pan e en vin e en fromagi, sous tres....... s. iij.

238. Item, pausa aver paya a Feraut Bonet, per uña chaena pausaya en
l'usòp del beynechier dal sere................................. d. viij.

239. Item, pauso aver paya a Martin Richelme, mesagi manda per los
senors consols al Verne ⁵, que anè quere Alsias Raynaut per alcuns debast
qu[e] avia en sa rason................................. d. x.

240. Item, pausa aver paya, per lo c. d. s. c., quant mosen Andrieus anè
preechar ⁶ lo jor de Raspals a Sant Pons, despendè en vin......... d. xv.

241. Item, pausa aver paya, per lo c. d. s. c., lo jort de Sant Pons,
qua[n]t li senor consol agron dona la torna, so es a saber en vin... s. ij ½.

242. Item ay paya as mesagis que culiron lo pan............. d. x.

(Vᵒ) **243.** Item, pauso aver paya, per las mans del noble Juan Jurani
(Juram?), consol, a Jaume Chays de Sallon, que lor manquavan carbons
gros, que deges dire a Jaume Julian que en deges adure, per que strene aquel
dic Jaume, antre pan e vin................................. d. xv.

244. Item, pausa aver pay[a] per aquelos que porterun l'esmagi ⁷ de Sant
Pons, quant Mosenor de Dina l'ac beynesi, so es a saber deniers vint. d. xx.

---

1. Sans doute Saint-Vincent de Lauzet, sur la r. g. de l'Ubaye, près de
l'embouchure de cette rivière.

2. Voir la note du § 51.

3. Colmars, ch.-l. de c. de l'arr. de Digne, sur le Verdon, au sud de Bar-
celonnette.

4. Le trésorier avait d'abord écrit vij qui a été remplacé par vj.

5. Le Vernet, cant. de Seyne, au sud de cette ville.

6. Le ms. porte exactement pritchar; cf. ci-dessus, p. 363, n. 5.

7. Ms. les magi.

245. Item, pauso aver paya a Loïs Isoart, per reparacion de las fonst, e per c. d. s. c., ay paya aquel dic Loïs florins dos...................... f. ij.

(*En marge* : Qr apodixa. — Docuit.)

246. Item, pausa aver paya, per lo c. d. s. c., a Peyre Jordam per la governacion del reloje, ay paya aquel dic floris huec............. f. viij.

(*En marge* : Qr apodixa. — Ass.)

247. Item, pausa aver paya a maistre Bertran Gaydon, maistre de l'escola [1], per lo c. d. s. c., florin un............................ f. j.

(*En marge* : Qr apodixa. — Ass.)

248. Item, ay mays paya aquel dit maistre Bertran Gaydon, per l. c. d. s. c., florins sinc.. f. v.

249. Item pauso aver paya, per lo c. d. s. c., a maistre Loïs Motet en lioc de desauec groses per fuec he en leoc (*sic*) de desaset deniers atresins per fuec, ay paya per la resta que li se devia f. sias e sous sies .... f. vj, s. vj.

(*Fol. xix*) **250**. Item, pausa aver paya, per lo c. d. s. [c.], a maistre Paul Silvi, per la cuberta dal manifest, sous quatre. .... s. iij.

(*En marge* : Exhibeatur, cum ad id teneantur heredes magistri Johannis Bernardi quondam junioris.)

251. Item pausa aver paya, per lo c. d. s. c., a mesier Steve Bernart, juge de la cort real de la villa de Seyna, s. tres...................... s. iiij.

252. Item, pausa aver paya, per lo c. d. s. c., a mosene maistre Peyre Albert, per so que li deven dal Puey, florins des................... f. x.

(*En marge* : Qr apodixa. — Ass.)

253. Item, pauso aver paya a mosen Peyre Brun, per lo lau dal Puey a si tochant, so es a saber groses nou, per lo c. d. s. c.............. g. ix.

(*En marge* : Habeatur instrumentum laudimii et apodixa. — Ass. apódixam.)

254. Item, pausa aver paya al noble Bertran d'Eyrolas, clavari de la cort al de la villa de Seyna, he primierament per l'albera [2] de Belvilar [3] lieuras

---

1. Cf. art. 284. On trouvera plus loin des délibérations du conseil de Digne concernant les écoles à une époque un peu plus avancée du xvᵉ siècle. Ces mentions sont parmi les plus anciennes que l'on possède. M. Mireur a groupé un certain nombre d'extraits relatifs aux écoles tirés des archives d'un certain nombre de communes du Var (*Revue des Soc. Sav.*, 7ᵉ série, III, 191 et suiv.). Les plus anciens de ces extraits sont de 1407, 1414 (Fréjus), 1417 (Draguignan), 1427 (Saint-Maximin). Pour Sisteron on a des témoignages depuis 1401 (Laplane, *Hist. de Sist.*, II, 485) ; pour Toulon, depuis 1410 (O. Teyssier, *Étude sur la comptabilité communale de la ville de Toulon en 1410*, p. 13).

2. Il faut corriger *albe[rga]*, et de même, à la ligne suivante, *albe[r]ga*.

3. Beauvillars, village situé sur une colline voisine de Seyne, réunie à cette ville en 1437, ce qui amena des luttes à la suite desquelles les habi-

quatre de coronas. — Item, per l'albega de Colobros lieuras tres de coronas.
— Item, per l'enchant e per la cria de la villa de Seyna, lieuras tres de coro-
nas. — Item, per los banst e per las lesdas he los fornagis de Colobros,
sous des de coronas. — Item, per lo servici de la mayson del consola, deniers
doje de coronas. — Item, per l'alberga de la villa de Seyna, florins quaranta
dos he sous quinje, deniers sieys, que es en soma florins sincqua[n]ta e nou,
s. sept, d. tres............................... f. lviiij, s. vij, d. iij.

(*En marge :* Qr apodixa. — Ass.).

255. Item ay paya per las apodixas, groses tres .... g. ij [1].

256. Item, pausa aver paya, per lo c. d. s. c., a maistre Ugo Baruier, en
nom das Arnaust de Ax, florins dos e sous huec................ f. ij ꝓ.

(*En marge :* Habeatur apodixa. — Ass.)

(*Vo*) **257.** Item, pausa aver paya a maistre Ugo Baruier, per lo c. d. s. c.,
prior de la confrayria de Sant Sperit, en amermament de ma[j]or soma que li
villa devia a la dicha confrayria, so es asaber ay paya aquel dic maistre Ugo
florins vint e sept, sous des, deniers huec.......... f. xxvij, s. x, d. viij.

(*En marge :* Qr doceri de ordinatione consilii. Docuit per mandatum et
apodixam; tamen advertatur quod ista solutio ponatur in pede obligationis
facte per universitatem confratrie Sancti Johannis.)

258. Item, pausa aver paya al noble Juan Jurani, consol, manda en Ax per
tot lo consel, que ane far honor al fil de maistre Jorgi Arnaut de Ax. —
Item, per l'uferta per si facha, florin tres, e per son viagi, que iste huec jorst,
florins sias, es en soma f. nou............................ f. ix.

259. Item, pausa aver paya, per lo c. d. s. c. e de tot lo consel, per lo pre-
sent dona a Monsener de Ubrun [2], florins quinje .... f. xv.

(*En marge :* Qr doceri de particularitate sere (*lis.* cere) et specierum).

260. Item, pausa aver paya, per lo c. d. s. c., a maistre Pons Bernart, que
anne ensegre una letra per Juan Vinsens a Sestaron contra Alsias Boys, ay
paya aquel dic Me Pons florin un .... f. j.

261. Item, pausa aver paya, per lo c. d. s. c., a Jausep Durant, juieu de
Digna [3], per so que li s tengüa, ay paya per son rabis, florins treje, per
las mans del noble Peyre Raols, de que n'a apodixa le dic Peyre de ma man.
                                                    f. xiij.

---

tants émigrèrent et fondèrent La Seyne, près Toulon. Il ne reste plus aucun
vestige de Beauvillars.

1. Le trésorier avait écrit *iij*, mais ce chiffre a été rayé et remplacé par *ij*.;
en marge : *non admituntur nisi duo.*

2. L'archevêque d'Embrun.

3. Ce Joseph Durand, qui reparaît à l'art. 285, est connu d'ailleurs. Il prê-
tait aussi à la ville de Digne; voir par exemple les délibérations du conseil de
cette ville (BB1) au 11 et au 12 juillet 1416, au 16 août de la même année, etc.

(*Fol. xx*) **262.** Item, pausa aver paya a Peyre Plegier[1], per [lo c. d. s. c. que manderun aquel dit Peyre a Barsilona, per veyre si lay avian fac acamp de jenst, ay paya aquel dic Peyre groses quatre.................. g. iiij.

263. Item, pausa aver paya, per lo c. d. s. c., a Daniel mercant de Pujayrol, per so que li vila li deu del metal, per so quar li vila non l'a pogu payar, ay paya aquel dit Daniel, per son despens, florin[s] tres ...., f. iij.

264. Item, pauso aver paya, per lo c. d. s. c., a Juan Martin e a Peyre Candelier, que preserun dos orsons en la montana, ay paya aquelos dic sous des.. s. x.

265. Item, pausa aver paya a Visens Biart, per lo c. d. s. c., per dos charitas de melse que meserun al portal del noble Peyre Bastart, ay paya aquel dic Visens, g. sieys................................. g. vj.

266. Item, pausa aver paya, per lo c. d. s. c., a Arnols Amalric, mesagi de la cort real de la villa de Seyna, per l'enchant de las revas e de *las cosas*[2], ay paya aquel dic Arnols groses desahuec............................ g. xviij.

(*V°*) **267.** Item, pauso aver paya, per lo c. d. s. c., al noble Peyre Raols, per lo sobre enchant de la reva del vin, ay paya aquel dic Peyre f. tres e sous doje.. f. iij, g. ix.

(*En marge :* Habeatur particularitas a clavario curie regie.)

268. Item, pauso aver paya, per lo c. d. s. c., a Peyre Arubert, per lo sobre enchant de la reva del vin, f. sinc............................. f. v.

(*En marge :* Visa nota dicti superincantus, concordat.)

269. Item, pauso aver paya mays aquel dic Peyre Arubert, per lo sobre enchant de la reva del las taulas, sous huec.................. s. viij.

(*En marge :* Visa dicta nota, concordat.)

270. Item, pauso aver paya, per lo c. d. s. c., a Martin Isnart, per lo sobre enchant de la reva del bla, f. trenta....................... f. xxx.

(*En marge de cet article et des cinq suivants :* Concordat ut supra.)

271. Item, pauso aver paya a Peyre Biart, per lo sobre enchant de la reva del bla, f. dos.. f. ij.

272. Item, pauso aver paya a maistre Martin Bastart, per lo c. d. s. c., per la reva del bla, sous quinje...................................... s. xv.

273. Item, pauso aver paya, per lo c. d. s. c., a Peyre Raols(?), per lo sobre encant de la reva de las taulas, sous doje...................... s. xij.

274. Item, pauso aver paya, p. l. c. d. s. c., a Antoni Bandran, per lo sobre enchant de la reva de las taulas, sous sias..................... s. vj.

(*Fol. xxj*) **275.** Item, pauso aver paya a Jaume Orsel, per lo c. d. s. c., per lo sobre enchant de la reva de las taulas, sous sept............. s. vij.

276. Item, pausa aver paya al noble Peyre Raols que se reten, per lo sobre enchant de la reva dal vin de l'an pasa, florins sinc.............. f. v.

(*En marge :* Fiat collatio cum nota et rationibus predictis.)

---

1. Exactement *Plegiir*.
2. On a ajouté en renvoi : *e per tres ans pasas*.

277. Item, pausa aver paya lo senor consol Loys Doenc, quant fon intras consols al borc de Colobros, despendè en vin sous dos . . . . s. ij.

278. Item pausa aver paya, per lo c. d. s. c., per lo pra de l'espital de la montana de Colobros, sous sept. . . . . s. vij.

(*En marge* : Qr apodixa, cum ancessores sui consueverint tenere hospitale in quo pauperes confluentes recolligebantur, nisi ipse dominus Patry (?). . . . . hospitale teneat et pauperes recolligat. Ideo alias non admituntur).

279. Item, quant anè regardar lo noble Loys Doenc, consol, anbe Jua[n] Moyner, lo cortil das polins¹ que avia fac Martins Remusas, pauso aver paya per despensa faccha per aquelos, sous dos. . . . . s. ij.

280. Item, pausa aver paya per lo bosc de Verdachas² de Cugulet, sous sinc. . . . . s. v.

(*En marge* : Qr apodixa. — Docuit per apodixam clavarii.)

281. Item, pausa aver despendu aquel sobredic, [p. lo c. das] senors consols, v erreparation das chamins dal borc de Colobros. . . . . s. ij.

(*V*o) 282. Item, pauso aver paya al fabre de Jargaya³, per lo c. d. s. c. e de tot lo consel, per los feres de las lansas, florins dos. . . . . f. ij.

(*En marge* : Habeantur ferri usque sumam dictorum duorum flor., et assignentur thesaurario qui faciat rationem.)

283. Item, pausò aver paya a Martin Tornel, per lo c. d. s. c., per la reparation del portal del masel, ay paya aquel dic Martin sous desasept.
                                                        s. xvij.

284. Item, pausa aver paya, a maistre Peyre Dodi, maistre de las scolas, per lo comandament das senors consols, groses treye. . . . . g. xiij.

285. Item, pauso aver paya, per la benvengũa del noble Peyre Bastart, qua[n]t venc de Digna, que dis que avia parla a Jausep Durant, juieus, per so que li vila li deu, que nos o deges alonjar entro sant Alari⁴, per que pagiey per sa benvengũa, antre pan e vin, sous dos. . . . . s. ij.

286. Item, pausa aver paya a Martin Remusa⁵, que a fac lo cortil das polins, en la montana, ay paya aquel dic Ma[r]tin, per lo comandament das senors consols, sous treje. . . . . s. xiij.

(La fin manque; cinq feuillets, dont quatre probablement étaient blancs, ont été coupés avec un canif.)

Ce compte offre un tel intérêt, au point de vue lexicogra-

---

1. Il a déjà été question de ce « courtil des poulains » à l'article 38.

2. Verdaches, cant. de Seyne, au sud de cette ville.

3. Jarjayes, paroisse dépendant de la commune de Noyers, ch.-l. de c. de l'arr. de Sisteron.

4. La Saint-Hilaire, 13 janvier.

5. Ms. *Renusa*.

phique, que je crois devoir lui faire l'honneur d'un court voca-
bulaire, qui est en même temps une sorte d'index.

Mél. hist., IV, 673). Cf. Godefroy, ESCOINSEAU, mot qui, d'après l'unique ex. cité, est certainement différent d'*escoinson*, et aussi ESCOIEL, « sorte de poutre ».

espiar, 51, 208, *spiar*, 49, épier.

feysenayas, 108, *feysenaas*, 187, faix, fardeau.

fontetas, 61, petites sources (lieu-dit).

fornagis, 254, droits sur les fours.

fornas, 130, 203, grand four. Mistral, FOURNAS.

frucha, 99, fruits.

fusta, 9, 149, bois.

gengibre blanc, 97, gingembre blanc.

governacion, 246, réglage (d'une horloge).

gratusa, 40 (note).

honer, 139, 177, oindre.

istar, 16, 58, 163, ester, se tenir.

jornal, 130, 146-7, 163, journée de travail.

latas, 45 (note).

lau, 64, 253, lods. Raynouard, IV, 29, n'a que *lauzimi*.

leaya, 109 (note), 111, 114, 119, 148, fagot.

lena, 99, 109, 111, 114, bois à brûler. Mistral, LIGNO.

lieya, 40, traîneau. Mistral, LIEIO.

manifest, 250.

mealla, *meala*, 21, 22, 24, obole, demi-denier.

melse, 106, 265, mélèze.

memorials, 86, mémoires écrits.

menuest, 60 (note).

molle, 112, moule (d'une cloche).

mostarda, 74.

orsons, 54, 264, oursons.

pati, 16, convention.

pechot, 48, 151, 160, petit. Mistral, PICHOT. Ce mot n'avait pas été trouvé jusqu'à présent dans les textes du moyen âge. On trouve *pechit* dans les mystères du Briançonnais, qui sont moins anciens.

plata, 149, 160, planche. Ce sens, qui n'est relevé ni par Raynouard (IV, 558), ni par Mistral, résulte d'un passage cité plus loin dans les extraits des délibérations du conseil de Digne (12 août 1439).

polins, 38, 279, 286, poulains.

pollasses, 92, poulets. Mistral, POULAS.

post, 106, planches.

pument, 1 (note), 2, sorte de boisson.

quartalet, 137, 197, *cartalet*, 153-5, 176, diminutif (mais probablement avec le même sens) de *quartal*, mesure de capacité qui variait selon les lieux. Il est à remarquer que les exemples de *quartaletus* cités par Du Cange sont empruntés à des documents de Digne.

querst, 7, cahier.

quasta, préambule, pour *aquesta*.

rabis, 261, substantif qui doit être en rapport avec le verbe *rabi*, patienter, relevé par Mistral. Il s'agit dans ce passage d'une somme payée à un créancier comme compensation d'un délai obtenu pour le payement d'une dette.

reloge, 246, horloge.

retor, 35, recteur, curé.

revayre, 56, adjudicataire de la rève.

revier, R. 1, 2, 3, 4, 5, 6, même sens que le précédent.

rista, 135, chanvre. Mistral, RISTO.

rosins, 84, chevaux de charge.

saïn, 105, *sayïn*, 134, 139, sain, graisse de porc.

sande sant, 11, samedi saint : *sande*, *sandes* (et aussi *disandes*) sont encore les formes usitées dans la région alpine ; ailleurs, c'est *dissapte*, *dissate*, ou l'analogue.

senepas, 31, 103, 113, sorte de clous à grosse tête. Mistral, SENEPO.

sere, dal, 238, du côté du couchant.

seu, 128, 140, 162, suif.

sobrar, R. 9, rester en excédant.

spiar, voy. *espiar*.

stachas, 125, attaches, crampons ?

stan, 120-4, étain.

strenar, 173, 197, 243, étrenner, faire un don.

suart, 177 (note), 198.

talaayra, 148 ?

tarasa, 2, 27, 210. Évidemment l'équivalent du fr. terrasse, mais dans quel sens ? Il ne peut s'agir d'une terrasse pratiquée sur le haut d'une maison ; ce genre de construction conviendrait mal au climat de Seyne. Il faut peut-être entendre un rez-de-chaussée, en terre battue, ou un terre-plein devant une maison. Voici un exemple auquel convient assez bien cette signification. On lit dans les délibérations du Conseil de Digne, que la séance du 3 janvier 1424 (1425) fut tenue « in Solelhabuous, supra terraciam Johannis Basterii ». Il n'est pas probable qu'on ait tenu séance sur la terrasse d'une maison. Cf. Du Cange, TERRACEA, TERRACIA,

TERRATIA, où du reste on ne trouvera pas d'exemple décisif.

taulas, reva de las — R. 5, 6, D. 269, 273-5 ; le synonyme latin *reva postium* n'explique pas suffisamment sur quoi portait ce droit.

teloirens (ou *telonens*), 152.....?

telola, 53 (note).

torna, 241, soulte, somme ou objet donné en dédommagement ou par-dessus le marché. Du Cange, TURNA et TORNA, 2, 3 ; Godefroy, TOURNE.

tort, 106, 200.

tortons, 161 (note).

trabal de ostal, 60 (note), 99, 143, 183.

trau, 150, 151, 200, poutre, solive. Ce mot est ici masculin ; on le rencontre aussi au féminin. Rayn., V, 408.

tripas, 3, 56, 168, tripes.

trules, 3, boudins. Mistral, TRULO.

uelar, 201-2, huiler.

uos, 3, 14, 75, 112, œufs.

uraylet, 85.....?

usop, 238, goupillon. Mistral relève la forme *uso* en Dauphiné.

vala, 28, fossé. Mistral, VALAT.

veyre, infin.; 107, 262, voir.

DIGNE

Les archives anciennes de cette ville sont conservées à la préfecture et se trouvent, par conséquent, sous la garde de l'archiviste du département. La série des registres des délibérations commence en 1415 (BB 1) [1]. Les délibérations sont en latin jusqu'en 1436. A cette date, à partir du 26 mars, elles sont en provençal, le préambule et les noms des conseillers restant en

---

1. Un fragment de registre contenant des délibérations de 1389 est relié avec un compois latin de 1405. Ce registre est visiblement incomplet du commencement, puisqu'il commence au feuillet lxxxij.

latin. Depuis 1540, le préambule et les noms sont aussi en pro-
vençal. Le français, très imprégné de provençal, se montre à
partir du 13 mars 1547 (n. st. 1548), mais le provençal
fait encore quelques apparitions qui deviennent de plus en plus
rares[1]. Les comptes, dont la série est fort incomplète, com-
mencent en 1414. Les trois premiers, 1414-1416, sont en latin.
Le compte de 1417 manque, celui de 1418 est en provençal,
les suivants sont tantôt en latin, tantôt en provençal, jusqu'en
1440 inclusivement. Depuis lors, ils sont en provençal jusqu'en
1567. Le compte de cette dernière année est en provençal mêlé
de mots français. Puis le français est régulièrement employé.

On voit que si les textes en langue vulgaire de Digne ne
remontent pas très haut, ils sont nombreux et variés. Ils
émanent d'écrivains dont nous avons les noms, et sur les-
quels il serait possible de réunir, en parcourant les registres,
quelques renseignements biographiques. Cette variété a son
importance. En comparant des documents originaires du même
lieu, mais écrits par des auteurs différents, on arrive à élimi-
ner les particularités graphiques qui ont un caractère personnel,
et, partant, n'offrent qu'un intérêt très secondaire, et à retrouver
les caractères généraux de l'idiome local.

---

1. Les délibérations de chaque année forment un cahier à part, ayant sa
pagination. Ces cahiers ont été reliés ensemble, à une époque plus ou moins
récente. BB1 contient les années 1415 à 1424; BB2 les années 1425 à 1432;
BB3 les années 1433 à 1442, etc. Les volumes ainsi formés n'ont pas encore
reçu de pagination continue. Je ne citerai donc pas par feuillet, mais l'indi-
cation de la date suffit pour permettre de retrouver les extraits cités. A ce
propos, il ne sera pas inutile d'indiquer à quelle époque on commençait
l'année à Digne, d'après les trois registres BB1, 2 et 3. De 1415 à 1425, le com-
mencement de l'année, souvent indiqué par les mots « mutatio millesimi »,
est au 25 mars (*anno incarnationis Domini*). Le notaire qui a rédigé
les délibérations de l'an 1426 devait commencer l'année à Noël; la première
délibération datée de 1426 étant du 2 janvier (*anno a nativitate Domini mille-
simo quatricentesimo vicesimo sexto, et die secunda mensis januarii*), tandis que la
délibération précédente, datée du 21 décembre, appartient encore à l'année
1425. Mais il ne paraît que le style de Noël n'était pas encore généralement
adopté, car le millésime 1426 se poursuit jusqu'au 6 avril, et c'est seulement
le lendemain 7 avril qu'est annoncée l'année 1427. C'est sans doute une
erreur : le notaire aurait dû changer le millésime à partir du 25 mars. Le
style de l'Annonciation se poursuit jusqu'en 1439, mais en 1440 le notaire
Jean Filhol reprend le style de Noël (*anno a nativitate*).

Ces caractères, je ne les exposerai pas ici, même dans les limites restreintes où je l'ai fait pour les comptes de Seyne. Je ne veux pas étendre outre mesure ce mémoire déjà si long.

De tous les textes provençaux que renferment les archives de Digne, un seul, à ma connaissance, a été publié. C'est une ordonnance du Conseil de Digne, datée du 25 mai 1424, qui a été publiée, en 1888, dans la *Revue des langues romanes* (4ᵉ série, II, 167-170), d'après un cartulaire municipal connu sous le nom de *Livre* noir. L'auteur de cette publication a formé une conjecture bien imprudente en présentant l'ordonnance de 1424 comme étant « peut-être » l'unique document provençal des archives de Digne.

Je me bornerai ici à un petit nombre d'extraits pris dans les délibérations du Conseil et dans les comptes de la première moitié du xvᵉ siècle. Voici d'abord un règlement sur la boucherie, daté du 10 avril 1427, et transcrit dans le registre BB 2 [1], par André Roche, notaire, greffier (*scriba*) du Conseil. On pourra le comparer à un règlement sur la même matière promulgué à Sisteron en 1400 (Laplane, *Hist. de Sisteron*, I, 555).

Segon se los capitols fachs et haordenas sus lo fach del mezel de Dinha, de l'an mil et iiij[e] et xxvij, comensant del dezenoven d'aquest mes d'abril en un an continua et compli.

1. Et premiafament es de pati que los mazelhiars que seran del dich mazel deyan tenir tres taulas continuablament fornudas [2] de totas cars et juxta la sazon que usa en sta villa present, so es assaber lo dimenegue et las autras festas, et aytant ben a las fiaras de la dicha citat, et sobre semana doas taulas aysins coma desobre fornudas.

2. Item, que li dich mazelhiars deyan donar tot a lonc dal dich termini lo moton per quatre deniars e mealha la liaura, et que non deyan vostar [3] lo seu del ronhonhal del dich moton.

3. Item, la chart del buan que sia sufficient, la lieura tres deniars et mealha, durant lo dich termine.

4. Item, la feda quatre deniars la liaura et que non deyan raubar lo seu dal ronhonhal ni vostar.

---

1. Fol. iij vᵉ et suiv. du cahier de l'année 1427. Chaque année a sa pagination à part.

2. Il n'y a pas *formidas*. On a vu précédemment *caputani* pour *capitani*. (La Bréole, art. 23, 27, 28, etc.) et, en latin, *soludos* pour *solidos*.

3. Pour *ostar*, cette forme reparaîtra plus loin. Sur cette prothèse de *v* avant *o*, *u*, à l'initiale, voir mes *Derniers troubadours de la Provence*, p. 20 ; cf. *Romania*, VIII, 104 ; XXII, 123-4.

5. Item, lo chastrolh per tres deniars et mealha la lieura.

6. Item lo menon et la chabra per tres deniars la lieura, non vostant lo seu dal ronhonhal aysins quant es dich desobre.

7. Item, la ginnissa al pres del buau.

8. Item, la vacha hà dos deniars et mealha la lieura, et si la vacha era tala que senbles als senhors sindegues que la vendessan deniars tres, que lo[s] dich sindegues en pueychan haordenar.

9. Item, que tota persona que faria engrays de buaus ho de vachas, que sia d'esta villa ho habitahor (*sic*) d'aquella, que ellos pueychan ausire ho far ausire ha qui se volran, et vendre per lo pres desus dich, payant la reva costumada.

10. Item, que tota persona habitant d'esta villa pueycha ausire ho far ausire caynas chars que volran per sa provesion, payant la reva haordenada [1].

11. Item, que totz aquelhos que son hashemis [2] de non pagar reva, non la deyan pagar aysins quant es hacostumat.

12. Item, que los dichs maselhiars sian tengus de masellar lo matin per lo vespre et lo vespre per lo matin sufficientment sus lo temps d'uvert.

13. Item, que li dichs maselhiars deyan servir los stranis aysins ben quant aquellos d'esta villa, sensa contradicion deguna.

14. Item, que lo disapte ho autras vigilias deyan spessar las chars de tal hora, afin que los forestiars pueychan esser servis et tornar s'en ha bona hora.

15. Item, que los dich mazelhiars totas horas et quantas horas que non s'atrobaria chart hal masel, que fos jort de ma[n]jar chart, tonbon en la pena desos scricha, et que no pueychan esser denunciat sinon per un, et aquel non sia sospichos per aquella hora.

16. Item, que los dichs mazelhiars non..... [3] de maselhar chart de xxij horas ha en la lo dijous durant de Pasças entro Sant Michel [4].

17. Item, que los dichs maselhiars non deyan vendre lo porc frech ha mays de quatre deniars la liaura.

18. Item, que, si los dichs maselhiars volian vendre las chars lachens [5] mays que non senblaria al conselh, que ellos pueychan metre hi dos pro-

---

1. Ms. *haordenaba*.

2. « Exempts » ; quoique l'accent soit sur le dernier jambage on pourrait proposer de lire *hasheims*, mais cf. plus bas *stranis*.

3. Le coin du feuillet est déchiré ; il manque un mot, peut-être *presumis-can* ?

4. On tuait le soir pour vendre le matin (voir art. 12). Si on avait tué le jeudi soir, on aurait dû garder la viande jusqu'au samedi, ou même jus-qu'au dimanche, ce qui, pendant les six mois les plus chauds, eût été impru-dent.

5. *Lachens* signifie actuellement un cochon de lait (Mistral), mais ici le sens est plus général.

domes, et si li dichs maselhiars no s'en tenian per content, que illi n'i pueychan ajustar un autre prodome.

19. Item, que li dichs maselhiars deyan baylar lo seus que faran als chandelhiars d'esta vila, et que non passe lo quintal tres flor. et demyey de pres.

20. Item, que li dichs maselhiars deyan baylar hals sabatiers et hals blanchiers[1] d'esta vila lo pellan[2] que faran per lo pres que en trobarian d'un autre.

21. Item, que los dichs maselhiars deyan, totas horas ni quantas horas que non farian las chausas desus scrichas, que tombon en la pena de sinc sous.

22. Item, que si guerra venia, no pueychan esser compelli ni tonbar en la pena sobredicha.

23. Item, que li dichs maselhiars pueychan vendre las chars ha hasme[3], si las pars s'en acordan.

24. Item, que aquéllos que auran lo dich masel ni la reva deyan paguar de dos en dos meses juxta que vendra, paya per paya.

La première délibération rédigée en provençal est du 16 mars 1433 (1434, n. st.), mais elle a, comme on va le voir, un objet tout spécial (BB 3). En voici le commencement :

L'an que hom conta mil iiij⁰ xxxiij et lo xvj del mes de mars, congrègas a l'ostal de la villa, de licentia de mossen lo bayle, los sindegues Anthoni Ysoart e Alzias Amalric, e en lur conpanhia Galas de Marcols[4], Peyre Matharon, Loys Raols, Johan de Corbons[5], Jaume Cathalan, Jaume Perolh, Frances Gerin, Jaume Bastier e Loys Amalric et Lagier Mota, per veser e examinar quant avia d'anona de sobras della granataria.

E sec se so que an d'anona de sobras la vila, etc.

Et premiarament an trobat que an d'anona a l'ostal de Lagier Mota, trenta et nou sestiers d'anona et quartiara una, alla mesura d'esta vila.

Item, a l'ostal de mon compayre Loys Raols, sest. d'anona xix, alla mesura d'esta vila.

Item, a l'ostal de Jaume Cathalan sestiers vij ½.

Item Jaume Malsanc a Barrema, sestiers xxviij alla mesura de Barrema.

Summa que montan las quantitas sobre scrichas, sest. xciij et quart. iiij.

Les derniers paragraphes de la séance du 18 mai 1434 sont rédigés en provençal :

1. Mégissiers. Mistral, *blanquié*.
2. La peau ; cf. Mistral, *pelancho*, morceau de peau.
3. A vue, sans peser ; cf. *croumpa a eime* (Mistral, *eime*), acheter sans peser ni mesurer.
4. Marcoux, cant. de Digne.
5. Courbons, village dépendant de la commune de Digne.

Item, es estat ordenat que tota persona, estranha ho privada, de qualque condition que sia, puesca et li sia licit adure et far adure vin ad aquesta present cioutat d'aysi a sant Michel prochanament venent, e de la dicha festa de Sant Michel en hun an continuador et complidor et d'aqui avant contador, ambe aytal condition que d'aquel vin que adurian non se pague la petita reva per la premiara ves que aquel dich vin, ysent[1] de los ayses[2] en que l'aduran, se vendria en gros, sinon que lo dich vin estant als dichs ayses se vendessa a menu e adonc se pague la reva grossa e petita, coma es acostumat.

Item, es agut ordenat que aquel capitol sobre escritz se devulgue per esta vila als luecs acostumas per vos de crida, atenduda la general coyson[3] qu'es de las vinhas per esta vila e tot lo pays.

Item, es agut aordenat que lo blat que ha la vila se bayle a las panatieras entro a seschanta sestiers per pres de sieys gros lo sestiar, et que la vila lur en deja provesir d'autres seschanta sestiars a rason de sinc sous per sestiar, et que las dichas panatieras vendan aquellos cxx sestias a rason de um s. e d. vj, enclusa la reva.

A la suite des délibérations de l'année 1434, sur un feuillet blanc, est écrit le contrat dont le texte suit :

Segon los capitols fachs entre la universitat de Dinha et lo noble Frances Girin.

Premiarament han convengut et transegit las dichas partidas que lo dich Frances Girin tendra provesion ha taverna en la dicha cioutat de Dinha, de bons vins et sufficiens, non aygres ni tornas ni de mala sabor, d'aysi a Sant Michel prochanament venent, per pres e en nom de pres de sieys gros per cupa ha menu.

Item, an convengut et pateyat las dichas partidas que lo dich Frances garde de dan los sindegues et conselhiers del pres de las mil copas de vin que Anthoni Maladent de Nissa ha vendut als sindegues de la vila[4], rema-

---

1. Il y avait *ysera*, qui a été raturé et remplacé par *ysent*.
2. Ce mot désigne un récipient quelconque, vase ou tonneau ; voir Mistral, *aise*, et cf. ce passage d'un tarif de Romans (vers 1240): « Saumata scutellarum, coponorum, cyphorum, duos *aizes*; de honere unius hominis bachaczarum et graalorum et hujusmodi, datur unus *aizes* de leyda » (*Rev. des Soc. sav.*, 5ᵉ s., III, 67). Cf. aussi *aizina*, Roman d'Esther, vv. 53, 83 (*Romania*, XXI, 205, 206).
3. La cuisson par le froid, la gelée des vignes.
4. Cette acquisition est mentionnée dans une délibération du 1ᵉʳ janvier 1434 (n. st. 1435) : « Ceterum fuit ordinatum quod Franciscus Girini (*lis.* Garini) accedat Niciam ad Antonium Maladent, mercatorem dicte civitatis, Nicie, ad stigandum ipsum ut vellit vinum per eum venditum presenti uni-

nent la distribution d'aquellas mil copas a maistre Johan del Rochas [1], et que d'aquel argent que se vendra lo vin, lo dich maistre Johan renda et bayle al dich Frances, cascuna semana, reserva a la dicha cioutat lo gasanh que fa de las dichas mil copas juxta lo pres que l'an comprat.

Item, an convengut et es de pati que, durant lo dich terme, si defalhia vin en esta vila bon et sufficient ha taverna, que lo sia licit als sindegues que son ho seran en temps esdeveneor de provesir de vin ha taverna, al pres que trobaren, et que ha taverna se venda sieys grosses ; et si perdre hi avia, que del perdre el sia tengut a la vila.

Item, es de pati entre las dichas partidas que lo sia licit, non obstant los dich patis sobredichs, a tot cioutadent de la dicha cioutat de adure vins en esta vila et vendre lo ha taverna, si li sembla, et de gitar l'en de la vila ambe una que [2] aquel cioutadent non lo compre una jornada pres d'esta vila, sinon per sa provesion.

Item, es de pati que a la fiera de Sant Joliam lo dich Frances puasca vendre al borc coma los autres taverniars.

Item, es de pati que de la venda que Olivier ha fach a la vila del vin que poyria restar, lo dich Frances garde de dan la vila.

Item, es de pati que dengun strangier non si deja far taverna durant lo dich temps.

Le procès-verbal de la séance du dimanche 25 mars 1436 (où commence la nouvelle année) se termine par cette décision :

Item, fuit ordinatum quod ordinationes consilii abinde in antea scribi debeant per notarium in romancio.

Et en effet tous les procès-verbaux qui suivent sont en provençal, le préambule restant en latin jusqu'au 3 avril 1540, date où le préambule aussi est rédigé en provençal. Le français, très imprégné de provençal, commence le 13 mars 1547 ; sauf, dans les années suivantes, quelques retours du provençal qui se font de plus en plus rares.

Voici la plus grande partie du premier procès-verbal en provençal :

(Fol. 2) Cartularium honorabilis concilii presentis civitatis Digne, inceptum sub anno incarn. Domini millesimo quadringentesimo tricesimo sexto, die lune,

---

versitati ducere seu adduci facere ad presentem civitatem, prout ipse promisit et convenit, et quod detur sibi florenus unus pro pro precio apreciato. » — Un « Anthonius Maladent » figure parmi d'autres citoyens de Nice dans un compte niçois de 1411 (Cais de Pierlas, La ville de Nice..., p. 443).

1. C'était l'un des syndics de Digne.

2. « A condition que ». Cette locution revient plus loin.

vicesima sexta mensis marcii, xiiij° indictionis, scriptum manu mei Johannis Filioli de Digna ¹, publici notari et scribe ipsius honorabilis concilii, ut ecce :

Et primo secuntur nomina dominorum sindicorum et conciliariorum ac officiariorum ipsius honorabilis concilii.

Magnificus miles dominus Arnaldus de Villanova ; ⎫
Nobiles viri Ludovicus Rodulphi,   ⎬ sindici.
Johannes de Corbonis et Johannes Berani ;   ⎭

    Nomina conciliariorum ejusdem, et primo :

Nobiles et discreti viri. P. Matharoni,	M. Bertrandus Isnardi,
M. Ludovicus Lamberti,	Isnardus Alhaudi,
Ant. de Ponticio,	Petrus Riqueti,
Ludovicus Amalrici,	Ludovicus Autardi,
M. Petrus Rostagni,	Johannes Clementis,
Jacobus Cathalani,	et Monnetus Thome.

Thesaurarius : Ludovicus Lioncii.

Notarius : M. Johannes Filioli.

Ponderatores panis : Isnardus Sicardi et M. Rollandus Batarelli.

(*V°*)². Et primiarament es estat ordenat que se pagon a maistre Ceris Silve, notari de la Cor[t] de l'an passat, per lo playt de l'espital, g. xx, per las cauzas contengudas en la cedula ayssi enfixada ², et per lo rector de l'ospital. Item, per lo thezaurier de la vila g. iiij, per l'estrument de la revocacion de la crida contenent que dengun non degues comprar blat si non al mercha, fach per lo dich M. Ceris.

A partir d'ici, je me bornerai à donner quelques extraits, pris çà et là parmi les plus intéressants. Je m'arrêterai, de peur d'allonger ce mémoire, à la fin du registre BB 3, c'est-à-dire à l'année 1442.

(1436, *vendredi 13 avril* ⁴.) Et premiarament es estat ordenat que sian pagatz al maistre de l'escola, per l'estudi de chalendas prochanament passat, et per lo thezaurier, vz (videlicet) flor. tres et gross. ix.

(1436, *judi 3 mai*.) Et premiarament es estat ordenat que Juan Beran, l'un dals sindegues, deya annar al conselh real per apauzar (*lis.* opauzar ?) se contra las letras que ha empetrat lo noble Raymon Beynet sus lo uffici de la

---

1. Jean Filhol avait été régent des écoles à Digne en 1422 (voir plus loin, p. 409, aux comptes) ; il avait déjà rédigé les délibérations du Conseil à diverses reprises (1428, 1430, 1431). Nous le retrouvons trésorier en 1438.

2. Le verso du feuillet est en partie blanc.

3. Cette cédule manque.

4. De l'écriture du notaire Jean Filhol, jusqu'en 1437.

bayllia, attendut que, segon alcunas enformacions que lo conselh a agut, lo dich noble Raymon a comprat lo dich offici, que es contra los preveleges e libertas de la vila, e per sos despens lo thezaurier li deya bayllar dos flor.

.....Item, es estat ordenat que lo se deya logar l'ostal de Chapas en l'Ubac, al melhor pres que se poyra aver, per reculhir e hon abiton las filhas falhidas, e aqui degon istar las dichas filhas e non en autre luoc [1].

(1436, *vendredi 18 mai.*) Item, es estat ordenat que noble Raymon Beynech, justa sas comessions a el consentidas per l'uffici de la bayllia, sia receubut et admes per baylle, ambe protestacion que, *si lo se pot proar que el aya* comprat l'uffici, ayssins coma es fama, que la reception siaua non puasca prejudicar a *nostres preveleges* [2], et que deya jurar si el l'a comprat o non davant que el sia receubut.

(1436, *1er juillet* [3].) Premiarament es estat ordenat, present lo dich mossen lo luagatenent et consentent, que per los senhors sindegues se fassa resposta a mossenhor de Manoasca et d'Aurayson, sobre la demanda que han fach e fan dels xx milia flor., per donar a Genoa e per garda d'aquest pays, aytal quant es esta facha a maistre Michel Gastinel que venc aquestos jors passas comessari per la senblant causa [4].

(1436, *jeudi 19 juillet* [5].) Item, es estat ordenat que sian pagatz al maistre de l'escola, per los gajes de l'estude de Pascas prochanament passat, so es assaber flor. tres e gross. ix.

(1436, *lundi 23 juillet.*) Et premiarament es estat ordenat que se bayllon x flor. al noble Loys Raols, sindegue, e a maistre Juan dal Rochas per las despensas fazedoyras per ellas en l'enbayssada que devon far, tant per lo conselh de la vila quant de la bayllia, al conselh real, sobre la demanda que lo dich conselh real a fach de xx milia flor., tant per lo socors de las galeyas de Genoa quant per la defensa dal pays.

(1436, *lundi 17 septembre.*) Et premiarament es estat ordenat que se bayllon per lo thezaurier als nobles Loys Raols et Loys Amalric, culheors de la

---

1. Cf. p. 398, délib. du 8 juin 1439, et p. 412, compte de 1431. Sur la sollicitude que témoignaient les municipalités d'autrefois à l'égard de ces établissements, on peut voir Laplane, *Hist. de Sisteron*, II, 470 ; D. Arbaud, *Études histor. sur la ville de Manosque*, p. 169.

2. Le greffier avait ensuite écrit ces mots qu'il a biffés : *ellos no l'an per baylle ni per receubut.*

3. Par exception, le procès-verbal de cette séance est de la main de Pons Esmieu, qui fut notaire du Conseil l'année suivante, et trésorier en 1440.

4. Il s'agit ici, et plus bas, dans la délibération du 23 juillet, de la coopération de la république de Gênes avec le roi René en vue de la lutte contre Alphonse d'Aragon. Voy. Papon, *Hist. de Provence*, III, 349 ; Lecoy de la Marche, *Le roi René*, I, 151.

5. Ici Jean Filhol reprend la plume.

talha de xx milia flor. per la deffensa dal pays, so es assaber florins dos cents
e des e grosses nou e d. x, per la part tocant a la vila dals dichs xx milia
flor., enclus los cent flor. que lo dich thezaurier bayllet l'autriar al noble
Bertran de Ancella per lo comandament dals senhors sindegues.

(1436, *jeudi 25 octobre.*) Item, es estat ordenat, sobre lo debat dels nobles
Ant. Ysoart, M⁰ Juan dal Rochas e Elzias Amalric, quant anneron a la festa
de la Reyna, que lur sia acceptat, justa la sentencia que en a donat moss.
lo juge, so es assaber que ayan per des jorns que an vacat en anant e en
tornant a la dicha festa, a razon de seys grosses per jorn, e per autres des
jors que an vacat en demorar a Tarascon, a razon de quatre grosses per jort
per cascun d'aquellos.

...Item, es estat ordenat que lo vin que frayre Ant. Fabre a comprat a
Mezel ¹ per la provezion de la messa novella que deu celebrar dimenegue
venent, attendut que es contra lo dich prevelege, que lo deya metre defora
vila e de son terrayre sensa denguna contradiction.

(1436, *lundi 17 décembre.*) Et premiarament es estat ordenat, present e
consentent lo dich moss. lo baylle, que sian payas per lo dich thesaurier
al m⁰ de l'escola que es a present, et per l'estudi de Sant Juan que dura entro
a Sant Michel; item, per l'autre estudi de Sant Luc segent que dura entro a
Chalendas prochanament venens, vz flor. set e demyey, a razon de flor.
tres e grosses nou per cascun estudi.

...Item, es ordenat que si se pot atrobar .j. mege que vualha far continua
demorn ambe sa molher e am sos enfans, si los a, en la prezent cieutat, que
los senhors sindegues li puascan prometre, sensa denguna autra ordenacion
de conselh, so es assaber vint flor. per sos gages per .j. an dumtaxat ².

(1437, *7 juin* ³.) Premiarament es estat ordenat, present lo dich mossen lo
bayle, que lo se requera mossen lo bayle que el consenta una crida que tota
persona que vualha de las terras del Chafait ⁴, que non son cultivayas, se
venga far scrioure al notari de conselh.

---

1. Mezel, ch.-l. de cant. de l'arr. de Digne.

2. La plupart des villes de Provence avaient un médecin ou un chirur-
gien municipal fixes; on l'a vu plus haut dans le compte de Seyne. A Tou-
lon, les gages du médecin s'élevaient, en 1439, à vingt florins; mais en 1444
le traitement s'élève à quarante, en 1451 à cinquante, et quelques mois
plus tard à soixante (Lambert, *Hist. de Toulon*, II, 392). A Forcalquier, les
gages étaient moins élevés, sauf en cas d'épidémie (C. Arnaud, *Hist. de la
viguerie de Forcalquier*, II, 271-3). Ces médecins étaient souvent juifs; voir
plus haut, p. 374, note 27, et ci-après la délibération du 20 octobre 1441, et
l'inventaire des archives de Toulon, par M. Teyssier, p. 41 (BB 40).

3. Les procès-verbaux des 6 juin au 5 septembre sont de la main de Pons
Esmieu.

4. Le Chaffaud (*Catafalcum*), cant. de Digne. Ce village appartint jus-

(1437, *a. st., 3 février*.) Item, es ysta aordenat que lo thes. baylle a Bertran Folco d. xij per achampament que a fach de peyrè per lo relloge; e aysso ay yeu scrich, Loys Amalric, en defalhiment de notari, de volontat et consentement del susdich luectement, dels sindegues et de tot lo conseilh [1].

(1437, *a. st., 20 février* [2].) Item, es estat ordenat que, actendut l'enjuria facha per Frances Gerini [3] a Jaume Palhol, sindegue, d'aysi avant non sia de conselh, ni [deia] aver huffici de vila, entro a tant que davant lo conseilh ho en la plassa aya quist perdon al dich sindegue, et aquesta ordenansa se estenda contra tos que faran et dirian enjuria als sindegues presens et esdeve[ni]dors.

Le cahier de 1438 manque, celui de 1439 (qui commence au 23 mars 1438, a. st.) est écrit par Pons Esmieu.

(1439, *3 juin.*) Premiarament es estat ordenat, present lo dich mossen lo bayle, volent et consentent, que lo se scriva a moss. de Dinha [4] que l'om a grant plaser a las bonas novellas que l'om ha ausit d'el, e ben en agran mays si aguessen sa presentia, et que li plassa de provesir sobre lo fach de la justicia de qualque bon clergue.

Item, que li senhor sindegue compron l'ostal de Chapas, en lo Hubac, per lo melhor pres que poyran, hon ston las filhetas.

(1439, *12 août.*) Premiarament es estat ordenat..... que las platas del pont se annon querre per dezenas, et so que es a curar al pont se cure per dezenas.

(1439, *19 août.*) Item es estat [ordenat] que las platas rasonablas et necessarias per lo pont se vagan [5] querre al bosc o aqui hon seran, so es assaber que tota persona que sera de x liouras ho de x liouras a en bas en dega adure una plata, e qui sera de x liouras a ensus, dega adure de x et x liouras una plata.

Item, an ordenat que li senhor sindegue et li elegit del pont puascan elegir deseniars [6] per far curar so que se deu curar al pont et tolre l'ayga e affermar los buaus de Marcos per adure la peyra al pont, ho autres bua[u]s.

---

qu'en 1593 à la commune de Digne (Féraud, *Hist. et géogr. des B.-Alpes*, 3e éd., 1890, p. 116).

1. En effet, l'écriture de ce procès-verbal diffère de celles de Jean Filhol et de Pons Esmieu qui ont écrit cette partie du registre.

2. Ce procès-verbal est de la main de Pons Esmieu.

3. L'un des conseillers.

4. Pierre III, qui, à cette date, était probablement en Italie, au concile de Florence (*Gall. Christ.*, III, 1128). Il fut transféré peu de mois après au siège de Meaux.

5. On voit que le même écrivain employait, à deux ou trois lignes de distance, deux formes distinctes de subjonctif pour le verbe *annar*.

6. Dans un document de Nîmes (1381) cité dans Du Cange sous DESENARIUS, on voit aussi chaque *desenarius* chargé de faire transporter des pierres par les hommes de sa *desenaria*. Voir encore, sur les *dezenarii*, le texte cité ci-dessus, p. 351, note 2.

Item, an ordenat que li senhor sindegue et li elegis del pont degan baylar a pres fach a talhar las platas al bosc.

Item al maistre del pont, a dar li a esclapar [1] las dichas platas del interesse de annar et tornar al bosc.

(1440, *vendredi 15 avril* [2].) Et premierament es stat aordenat per lo[s] sobrenomas senhors sindigues e conselhies... que da part lo dich conselh se deya scriure al payre ministre dels frayres menos al capitol general dels dichs frayres que se deu mantenent tenir que li plassa de nos provesir d'un gardian nomat frayre Giraut Filhol, de Dinha [3], e d'un bon lector per sermonar, atendent que non en avem agut negun la karema passada, et atressins atendut que l'an passat es stat elegit gardian frayre Peyre Bonet, per alcunas letras falsas et surreticiamens scrichas, en quant disian que venian de consentiment de la vila, e ren non en era, et que lo dich frayre Peyre Bonet li plassa de provesir honestament en calque convent fora de Dinha, atendent que es persona riotosa et de petita condicion, e los autres que serian en lo covent, riotoses (*la phrase semble inachevée*).

(1440, *samedi 23 avril*.) Et premierament es estat ordenat..... que, vistas las letras que a mandat nostre senhor lo rey, et unas autras que a mandat monsen Juan Martin et la crezenza dal noble Jaume Palhol, que lo se mande al dich monsen Juan Martin que lo conselh es content sobre los massoniers que demanda lo rey per far edificar Castelnou de Napol [4], de far et contribuyr segon que fara generalment tot lo pays.

(1440, *mardi 3 mai*.) Item, es estat ordenat que se payon a Steve Chapus, Juan Dozol, Honorat Clement et a Peyre Garcin per so quar an gardat la vila dimenegue passat, quant se fes lo juac de la Resurrection [5], vz grossas quatre.

---

1. Equarrir. Mistral, ESCLAPA.

2. Toutes les délibérations qui suivent sont de la main de Jean Filhol, sauf indication contraire.

3. Le couvent des frères mineurs de Digne datait de 1230 (Féraud, *Hist. et géogr. des B.-Alpes*, 3e éd., 1890, p. 105).

4. Le roi René avait fait venir à cet effet des maçons des diverses parties de la Provence, à raison, semble-t-il, de deux par bailliage ; voir Laplane, *Hist. de Sisteron*, I, 285-6, et l'inventaire des archives de Toulon, BB, 40. Jean Martin était l'un des maîtres rationaux de la chambre des comptes d'Aix ; il devint chancelier de Provence.

5. Nous possédons plusieurs mystères de la résurrection : l'un, du XIIIe siècle (plutôt que du XIIe), qui nous a été conservé par un ms. exécuté en Angleterre ; d'autres, du XVe (voy. Petit de Julleville, *Les Mystères*, II, 220, 385, 398, 446), mais ce n'est probablement aucun de ces ouvrages qui fut représenté à Digne en 1440, parce qu'ils sont en français et, sauf le premier, postérieurs à la date indiquée. On a des témoignages sur des représentations

(1440, *vendredi 6 mai.*) Et premiarament es estat ordenat:..... que lo noble Bertran Bernat de Barcilona [1], justa sas comessions reals, sia receubut en baylle et capitani d'esta vila per aquest an present, attendut que non es contra libertasni preveleges d'esta vila.

(1440, *samedi 7 mai.*) Et premiarament es estat ordena... que lo noble et circonspect home messier Guigo Companhon, bachellier en leys, de la vila de Mostiers, sia admes et receuput en juge de la present cieutat de Dinha, justa sas comessions attendut que non es contra preveleges ni libertas de la present cieutat de Dinha.

(1440, *lundi 6 juin.*) Item, es estat ordenat que, non obstant lo prevelege consentit a la pressent universitat, de non pagar lata de bens que vengan a descution, que Me Juan dal Rochas, curador dals bens de maistre Peyre Brun, alias Draguinhan, say en reyre, de Dinha, pague al clavari dal rey et da la cort la lata degüda per aquesta ves tant soletament, attendut que lo dich clavari ho a més en sas razons davant que lo dich conselh fos certificat dal dich prevelegi.

...Item, que se pagon al noble Galas de Marcols [2] per seys palis que a bayllat al pont. a razon de x de lo paly, so es assabe d. xx, e lo remanent li sia acceptat per .j. home que devia mètre al pont.

...Item, se pagon al dich noble Galas de Marcols sieys sous per una fusta que era de Loys Garcin, que mezeron al dich chavallet quant lo dreysseron.

Item, es estat ordenat que lo noble Ant. Ysoart et Alzias Matharon deyan rendre conte de las bestias que anneron querre las esclapas dal pont.

...Item, es estat ordenat que lo noble Jame Cathalan sia obriar dal pont et puasca culhir et exegir totas almoynnas et far intrada et eyssidas de las causas que recebra [3].

---

de la *Résurrection* à Cambrai, en 1376 (Petit de Julleville, II, 5), à Paris, en 1390 et années suivantes (II, 6, 7), à Amiens en 1413 (II, 9), etc. Pour la Provence, les villes où on sait qu'il y eut des représentations de mystères sont : Aix, Auriol, Draguignan, Forcalquier, Grasse, Marseille, Sisteron et Toulon ; le plus ancien témoignage connu se rapporte à un mystère joué à Toulon en 1333 dont le sujet était l'histoire de la Vierge Marie, son mariage, l'adoration des Mages et le massacre des Innocents (*Revue des Sociétés savantes*, 5e série, VIII, 259-62). Je publierai quelque jour quelques nouveaux témoignages tirés de registres provençaux. On a du reste d'autres mentions de représentations à Digne ; voir plus loin les extraits des comptes, aux années 1424 et 1429.

1. Barcelonnette.
2. Marcoux, cant. de Digne.
3. Les « ouvriers » (*operarii*) étaient nommés par le conseil afin de surveiller l'exécution des travaux publics ; voy. D. Arbaud, *Ét. hist. sur la ville de Manosque*, p. 141.

Item, es estat ordenat que si lo dich moss. lo baylle non vol far far las cridas sobre lo fach dals ruffians et dal juac dals das [1], de tres en tres mezes, coma en la letra real se conten, que lo conselh en deya enbassar al consel real.

(1440, *mardi 21 juin.*) Item, es estat ordenat que lo maistre de l'escola de Chastellana se mande querre, e que governe las escolas entro a l'estude de Sant Michel; et si el se governa ben en lo regiment, que governe mays al bon plazer dal conselh.

(1440, *samedi 16 juillet.*) Et premiarament es esta ordenat... que, justa la letra que a mandat donna Juanna de Meolhon, novellament elegida abadessa de Sosribas [2], que lo li fassan resposta per lo noble Loys Amalric, conselhier d'esta vila, capitani de Sestaron, que la vila es contenta, en quant que li toca, de la recebre, amb una [3] que fassa residencia continuablament al monestier de sancta Katharina, ho fassa far per una vicayris, et servir ho far servir lo monestier coma requer ~t la vila en cofiza ben, ambe crezensa, regraciant li la honor que ha facha a la vila d'escrieure son entendement.

Item, es estat ordenat que la letra consentida per lo rey sobre lo fach dal juac, que se meta viriliter en execution, requerent monss. lo baylle que fassa far la crida juxta la contenencia de las dichas letras, o autrament s'en enbaysse al conselh real.

(1440, *lundi 8 août.*) Item, es estat ordenat que los senhors sindegues, una cum vocandis per eos, deyan regardar .j. luec bon et sufficient per far .j. espital als paures de Sant Lazer, atendut que lo se atroban alcunas personas que hi volon ajudar a far lo dich espital.

(1440, *13 octobre.*) Item, es estat ordenat que los mazelliers deyan senhar las feas, que se connoyssan que feas son, e las tengan a part separadas dals motons, et aquo sus la pena de des lieuras per chascun et per chascuna vegada, et eni perdement de las chars la mitat als regardaors sobtscrichs et l'autra a la cort.

---

1. Il est fait allusion ici à une ordonnance du grand sénéchal de Provence rendue en décembre 1439 qui est rappelée dans une lettre du même fonctionnaire adressée, le 7 janvier 1440, aux officiers de la cour royale de Sisteron (Laplane, *Hist. de Sisteron*, II, 580). Cette ordonnance était dirigée « contra lusores taxillorum et lenones. » Il y sera fait une nouvelle allusion plus loin (séance du 16 juillet 1440). Ce qui était interdit, c'était de jouer de l'argent (*a l'eyssuch*); il était au contraire permis de jouer quand l'enjeu était une consommation (*al banhat*). Vers la même date, des poursuites furent exercées, à Toulon, contre des notables accusés d'avoir joué de l'argent (Lambert, *Hist. de Toulon*, II, 415).

2. Sourribes, arr. de Sisteron, cant. de Volonne, où existait, dès le XIIe siècle, une abbaye de religieuses bénédictines qui fut unie en 1430 à l'abbaye de Sainte-Catherine de Digne (*Gall. Christ.*, III, 1142-3; Féraud, *Hist. et géogr. des B.-Alpes*, 3e éd., 1890, p. 456).

3. Cf. p. 394, note 2.

Item, es estat ordenat que li dich mazelliers deyan tenir totas las chars mazelladas defora las botigas, vz [1] en las taulas et en los chavilhiers [2].

(1440, *mardi 18 octobre*.) Et premiarament es estat ordenat..... que se deyan empruntar tres cens flor. per payar los subcidis de la vila a razon de xij per cent, ho per mens, si se pot atrobar.

(1441, *vendredi 20 janvier* [3].) Et premiarament es estat ordenat..... que frayre Leonet Lantelme, monge de Sant Just, bachellier en ars, sia recebut en maistre de l'escola d'esta vila anbe los gages costumas de doze flor. per an, et si d'ayssi a Sant Juan non fazia per la vila, que sia privat de las escolas.

Item, es estat ordenat que se fassa una crida sus la pena que ordenara monss. lo baylle o son luagatenent, que denguna persona que a enfans per ensenhar non los fassa ensenhar si non a l'escola que tendra lo dich maistre.

(1441, *vendredi 10 février*.) Item, es estat ordenat que se pagon a messer Peyre Chaussagros, advocat de la prezent universitat, per sos gages en advocant per la universitat, et per dos ans passas, vz florins des, a razon de sinc florins per an.

(1441, *dimanche 2 avril* [4].) Item, es estat ordenat, present et consentent lo dich mons. lo juge et luagatenent, que lo portalet de Solelhabuous [5] se deya hubrir en la forma que era en temps passat, attendut que las bestias non hi podon passar cargadas de fen, de javels ni d'autras cauzas, que donan grant empachier, et que la peyra se deya vendre al melhor pres que se poyra vendre, la qual peyra aqui mezesme es aguda venduda a Loys Lambert per pres de sieys grosses, et que el la fassa garar a sos despens.

Item, es estat ordenat [e] confermat una autra ordenansa facha per los temps passatz, que tot sindegue que intrara novellament deya payar .j. disnar al baylle et al conselh.

(1441, *mardi 25 avril*.) Et premiarament es estat ordenat..... que lo se accepton al thezaurier present grosses quatorze et d. xij que an despendut los senhors sindegue[s] per .j. sopar que an donat a mess. Peyre Chaussa-gros, advocat de la present universitat, et dos sest. de civada per sos chavals per li far honor, et que la dicha universitat li sia recomandada, la qual soma es estada pagada per los dichs senhors sindegues coma an asserit.

(1441, *dimanche 30 avril*.) Et premiarament es estat ordenat..... que lo se compre de tela que sera necessaria per far de saquetz en que se metan las escripturas de la vila, particularment tocant los drechs et preveleges de la universitat,

---

1. Je conserve l'abréviation de *videlicet*.

2. Je suppose qu'on appelait ainsi une rangée de chevilles ou de crocs auxquels étaient suspendues les viandes. Mistral, *cavilhié, cavilhié*, « ratelier, porte-manteau. »

3. Cette fois l'année commence à Noël.

4. Le greffier a écrit par erreur : « die dominica secunda mensis *marcii* ».

5. Le « portale de Solelha bovis » est mentionné dans le plus ancien

.(1441, *lundi 15 mai.*) Item, es estat ordenat que Honorat Clar deya annar a Brianson per praticar am lo mege que a escrich a la vila per hi demorar, et que s'enforme amont si es home que ho valha, et si en a bona enformacio, que lo fassa venir per vezer sa persona et sa maniara, et si om es d'acordi de lo retenir.

.(1441, *vendredi 9 juin.*) Item, es estat ordenat que los senhors sindegues donon l'espital de Sant Gili dals bans de Dinha [1], an lo consentiment dal vicari de Monss. de Dinha, a Peyre Bonifay d'esta vila, ad bene placitum.

...Item, es estat ordenat que dos barbiers que son vengus novellament en esta vila sian retengus per lo servizi de la vila, attendut que en a necessitat, et que la vila lur deya logar una botiga per .j. an al despens de la vila, et que los senhors sindegues la deyan logar al melhor pres que se poyran trobar.

...Item, es estat ordenat, en execution d'una autra ordenansa desobre facha, que Honorat Clar deya annar querre lo mege de Brianson, et que lo thezaurier li deya bayllar quatre grosses per jort per far sos despens.

(1441, *lundi 17 juillet.*) Item, es estat ordenat que lo thezaurier puasca chambiar o far chambiar environ de xxxᵗᵃ flor. que a de reyre si de moneda, tant de Dalphin quant de Genoa, a razon de d. iiij per florin, et que d'ayssi avant lo dich thezaurier deya pendre tota moneda d'aquellos que deuran, exceptat quars de Genoa.

(1441, *mardi 1ᵉʳ août* [2].) Et premiarament es estat ordenat..... que denguna frema falhida non se auze banhar als bans de la prezent cieutat de Dinha, sinon que al banh de la crota, e aysso quant en los autres bans se banharian homes e donnas honestas; et, al cas que en dengun banh non agues dengun home ni fremas honestas, que a las dichas falhidas sia licit de se banhar en los autres bans, entro tant que venguessan homes et donnas honestas, et que adoncas las dichas falhidas encontenent deyan dezamparar los dichs bans e se banhar en lo banh de la crota, coma es sobredich; et que dengun home non se deya banhar ensemps en .j. mezesme banh ambe denguna [3] frema falhida, et aquo sus la pena de .xxv. lb. de cor. et en perdement de la rouba, aqui mezesme empauzada per lo dich moss. lo baylle.

---

compols (1407) de Digne; voy. Guichard, *Essai hist. sur le cominalat dans la ville de Digne*, I, 492. Le portail de Soleille-bœuf s'est conservé jusqu'à une époque relativement récente. Il y avait près de là un hôpital « hospitale de Solela boum », ou « de Solela bous »; Guichard, *op. cit.*, II, 79, 80. — Le même nom se retrouve ailleurs; ainsi « vallonus de Sorelhabou » dans un document du xivᵉ siècle concernant La Bollène (Alpes-Mar.); cf. *Soleïlhavoup*, com. de Naves (Corrèze). — Gassendi, *Notitia ecclesiæ Diniensis*, p. 15, a mal rendu ce nom par « Sol vel solarium boum ».

1. Sur ces bains, voy. Gassendi, *Notitia ecclesiæ Diniensis*, p. 31.

2. Le notaire a écrit, par erreur : « die prima mensis julii. »

3. Filhol avait écrit ici *donna honesta ni autra*, mots qu'il a effacés. Il était donc permis aux messieurs de se baigner avec les dames, pourvu qu'elles fussent honnêtes dames.

(1441, *20 octobre* [1].) Item, que maistre Samuel Jusieu, mège, sia retengut per tres meses, a rason de vint gros lo mes de gages.

Item, cum lo sya vertat que la reverent dama en Crist donna Johanna de Meulhon sia aguda elegissa badessa del monestier de Sancta Catherina de sta vila, per regir lo monestier sobredich et ben governar coma rason vol, et en apres la dicha donna badessa en aga fach portar la crossa, costas (?), tassas, olas, et diversas autras causas del monestier, coma aquest present es enformat conselh [2], es estat ordenat que lo se scriva a la dicha donna badessa que li plassa de restituir et retornar las causas sobredichas, si li plas, et al quas que ella non ho fassa, hom se dara conselh per lo spiritual ho per lo temporal.

(1441, *vendredi 10 novembre*.) Item, que se fassa una letra de crezensa a monss. l'ufficial da Ybreun [3], sus lo fach de l'evescat de Dinha, que fassa et tracte ambe Moss., demens que vay en cort de Roma, que el fassa amb moss. lo cardenal [4] que li plassa de nos provezir de .j. evesque que fassa residencia en esta vila, o autrament lo s'i metra lo remedi que metre s'i deura.

(1442, *lundi 15 janvier*.) Et primiarament es estat ordenat...... que lo sian acceptas al thezaurier grosses sieys et d. viij per doas perdizes et dos conils, los quals an prezentat a messier Jorge Marc procurador de la prezent universitat quant es agut de prezent en esta vila.

...Item, es estat ordenat que, cum lo sia cauza que moss. Jorge Marc procurador phiscal, aya dezapauzat de l'ufici de la bayllia lo noble Juan Anthoni, de que lo conselh s'en dona maravilhas, attendut los bons portamens que a fach en lo dich uffici, en fazent justicia a .j. cascun, et autres bons portamens enves la vila, tant quant li es agut possible, non offendent justicia; empero es estat ordenat que lo se escriva a la senhoria que l'aya recomandat en son drech et en sa justicia, supplicant a la senhoria que li plassa de lo retornar en son uffici [5], attendut los sieus bons portamens et lo linhatge dont es.

Et aqui mezesme lo sobredich Frances Gerin, non consent ponch en la dicha ordenanssa [6], mas en protesta fermament (?) attendut que lo conselh autra ves non a volgut escrieure per el, de que en a demandat estrument cora

---

1. Le procès-verbal de cette séance est de la main de Pons Esmieu.

2. Interversion; lire *aquest present conselh es enformat*.

3. Embrun.

4. Guillaume V, évêque de Digne (nov. 1439 — déc. 1445), cardinal du titre des saints Silvestre et Martin-es-monts, résida en Italie, où il possédait divers évêchés, pendant tout le temps de son épiscopat. Il mourut archevêque de Rouen en 1483 (Gassendi, *Notitia ecclesiæ Diniensis*, Paris, 1654, pp. 160-1; *Gallia Christ.*, III, 1128-9).

5. C'est ce qui eut lieu, comme on le voit par une délibération postérieure.

6. Nous avons vu plus haut (20 févr. 1437) que ce Frances Gerin était d'une humeur difficile.

que lo volra per mi Juan Filhol, not. dal conselh, en presencia dels conselhiers sobrenomnas.

Item, cum lo sia cauza que Dossa, molher d'Antoni Chays, sia fornicayris miech secreta, et nonobstant que pluzors ves sia aguda requista per notables senhors et donnas de la vila que volgues cessar et dezestir [1] al peccat, laqual non ho a volgut ni vol far, per la qual cauza, attendut la dezonesta d'ella que se fay [2] en la vezinansa, se poguessan encorre escandols irreparables et mors d'omes, et per so es estat ordenat que om la deya autra ves exortar que deya dezestir al peccat, e, al cas que non ho vualha far, que se requera moss. lo baylle que la deya far vostar d'aqui on es et metre al al luoc public [3], e que moss. lo baylle deya pendre las enformacions dals vezins d'ayssi a dimenegue et, si li es manifest, la deya metre al luoc public.

(1442, *lundi 19 février*.) Item, cum lo sia causa que lo sia aguda escricha una letra a monss. lo cardenal de Sant Martin, comandatari de l'evescat d'esta vila, subreticia, de part los sindegues et conselh d'esta vila, denfra la qual letra avia una cedula defamatoria contra monss. lo sacrestan de Dinha, la qual cauza non es agut fach ni dal consentiment dals sindegues ni dal conselh, per so es estat ordenat que lo se scriva al dich moss. lo cardenal que las dichas letras ni cedula jamays non foron consentidas per los sindegues ni per lo conselh, ni las aproan en deguna maniara ni lo sagel.

Item, que plassa al dich moss. lo cardenal de mandar e escrieure al dich conselh lo nom e lo sobrenom d'aquel que a mandat las dichas letras e la cedula, ni qui las li a baylladas.

Voici quelques extraits des comptes en langue vulgaire. Ils sont, naturellement, divisés en deux parties, l'une pour les recettes (*intrada*), l'autre pour les dépenses (*yssida*). Mais il y a en outre, soit au commencement, soit à la suite des recettes, un *pendent*, c'est-à-dire un état des sommes à recouvrer, dues sur l'exercice précédent.

1418. Jaume Palhol, trésorier.

Jhesus.

En nom de Dieu sia, amen. Ayssi acomensso a escrieure l'intrada e las recepcions de l'argent e las qua[n]titas degudas a la universitat de Dinha, exigidas per mi Jaume Palhol, clavari ahordenat de l'an mil e iiijc xviij [4], a xij del mes de mars, particularment aysins con s'en sec.

---

1. *Desistir* en esp., cat. et port. C'est un terme de droit dont je ne crois pas avoir rencontré d'autre exemple en provençal.

2. Il doit y avoir quelque erreur ou omission dans le texte.

3. Dont il a été question ci-dessus, au 3 mai 1436.

4. Le trésorier avait écrit *xvij*, ce qui était plus exact, l'année commençant au 25 mars. Il a biffé et écrit au-dessus *xviij*.

E premierament ay agut e receuput, a ¹ del mes de may, d'Esteve Audubert, revayre, flor. hutanta e tres, den. des......... fl. lxxxiij, d. x.

Item, plus ay receuput de maystre Juhan del Rochas, per resta que devia de la clavaria que avia tengut, aysins con apar per los contes que rendet en consselh a Sant Michel, restet a donar flor. vint e sieys, sous set, den. huech, la cal soma ay agut per las siauas mans.......... fl. xxvj, s. vij, d. viij.

Ay li fach podixa.

....

Sec si lo pendent lo cal m'a layssat mon compayre Juhan Bastier, clavari de la vila de l'an passat, a mi Jaume Palhol, clavari de present que tenem mil iiijᶜ xviij, a xxv del mes de mars, las somas e las quantitas las cals yeu ay a exigir e lo nom de qui ni de cuy non, ayssi en pe designadas particularment, aysins con s'en sec.

E premierame[n]t m'enforma lo sobredich clavari que yeu deya exegir de Fransses Cadarossa flor. vint e den. huech.......... fl. xx, s —, d. viij.

Item, plus me layssa en pendent que lo sobredich Fransses resta a donar, per l'obliganssa de la reva, sous vint....................... fl. j, s. iiij.

Item, plus m'enforma lo sobredich clavari e predessessor mieu que yeu deya exegir del noble Peyre Gerin flor. noranta e sieys, sous des, den. dos.
fl. xcvj, s. x, d. ij.

Item, plus m'enforma lo sobredich clavari e predecessor mieu que yeu deya exegir de Esteve Audubert flor. nou e g. quatre per un conte final fach antre el e la vila sus l'an en quel (?) contengut... fl. ix, s. v, d. iiij.

....

Sec si l'intrada la cal yeu Jaume Palhol, clavari del comun de Dinha, dey far juxta lo pendent que me layssa mon predecessor Juhan Bastier, clavari de l'an passat, lo cal pendent m'a assignat a xv de mars mil e iiijᶜ xviij. A me enformat de las quantitas que yeu ay a recebre e de las personas, ayssins con apar en lo dich pendent atras scrich particularment, aysins con s'en sec.

E premierament m'enforma mon sucessor (sic) que yeu deya exegir de Fransses Cadarossa de Peyrachon flor. vint, d. huech..... fl. xx, d. viij.

Item, plus per la carta de l'obliganssa de las revas........ f. j, s. iiij.

....

Ayssi acomensso a scrieure, yeu, Jaume Palhol, clavari del comun de Dinha, la yssida e totas las despenssas fachas per mi de l'argent del dich comun ahordenat per los senhors sendegues e per lo consselh tant vielh quant novel de l'an mil e iiijᶜ xviij, a xij de mars, particularment, aysins con s'en sec :

Et primo ay despendut, per comandament dels senhors sendegues e per la

---

1. La date du jour a été laissée en blanc.

hordenanssa del consselh, per doas mans de papier per lo notari e per lo clavari, g. dos [1] . . . . s. lj, den viij.

Item, ay despendut, p. c. d. s. s. e per hordenanssa del conselh, a xv de mars, per los senhors que veugron per recore los fuecs [2], doas saumadas de civada que costan al tot sest. x; valon . . . . f. i, s. iiij.

. . . . . Item ay bayllat a Elzias Jordan, aysins con fom ahordenat en consselh, per jª xijª de chamosses que doneron a monss. le tezaurier, que constan f. x.

Item, per los despens del sobredich Elzias quant anet quere los sobredich chamosses a Seyna . . . . s. viij.

. . . . . Item, ay donat a maystre Juhan Filhol, maystre de las scolas, p. c. d. s. s. et per ordenanssa del consselh, flor. sieys.

. . . . . Item, ay pagat a la mayre matrisso que leva los enfans [3], eyssins coma es agut hordenat en conselh que li si dones l'an f. v., de que los li ay pagas.

. . . Item, fom hordenat que mon compayre Loys Amalric portes as Ays l'argent a maystre Mordacays, que li fom donat per son salari . . . . f. iiij.

Item, plus fom hordenat en consselh que se chanbiesan xij flor. de bon argent, de que non s'en pot trobar ren en esta vila, et as Ays a costa xx g. per flor., que valon los doze . . . . f. xx [4].

Los cals a agut lo sobredich Loys Amalric.

. . . Item, sapias vos autres senhors, que quant mon compayre Loys Amalric anet portar as Ays ijclij f. a maystre Mordacays, yeu aniey en sa companhia, e esperem as Ays dos jours Fransses d'Ayguiera, que nonªvenc al terme que avia donat, de que me fey estar aqui mon compayre Loys Amalric per chanbiar l'argent que m'avia comes la vila, que non ho trobavam pas ben, per que remeto als senhors sendegues et al consselh que m'en conoyssan so que lur plasera.

1419. « Andreas Rocha », trésorier (*thesaurarius*). Compte en latin.

1420. Steve (Étienne) Audibert, trésorier.

Aysi come[n]sa la razon de my St. Audebert, tressaurier de la cita de

---

1. Cette dépense reparaît au début de chaque compte de dépenses. D'où faisait-on venir ce papier ? L'examen des filigranes jetterait du jour sur cette question, mais on n'a guère fait jusqu'à présent de recherches sur les papiers employés en Provence, et les termes de comparaison manqueraient.

2. *Recore* signifie proprement adresser un recours ou se 'pourvoir contre une estimation que l'on croit exagérée (Du Cange, RECURRERE); par extension, *recore los fuecs* signifie ici reviser l'affouagement. Cf. plus loin, p. 413, compte de 1436.

3. D'autres villes de Provence subventionnaient des sages-femmes, par ex. Forcalquier (C. Arnaud, *Hist. de la viguerie de Forcalquier*, I, 439; II, 281).

4. Ancien style.

Dinha sus l'an mil e iiij^c e xix, e lo jort xxiij del mes de mars segent un an venent[1].

.....Item, ay despendu, cant los senhors sindegues aneron estrenar aquelos que talhavan la peyra del pont a la peyriera, ay despendu so que s'en sec : en pan, d. xij ; en vin vermelh, s. iiij e d. ij ; en vin blanc, g. j ; iiij spalas, que costan s. vij, d. vij ; e per coyre (?) las, una sauma de lenha, d. viij.

Item, dos ventres de mouton............................... g. j.

Item, sebas... d. ij.

Item, per lo vin que beguem, cant se coyseron las spalas e lo pan. d. xiiij.

Item, per logues de Pigneta que las virè e las portè e lo pan e lo vin anbe lae (sic). :... g. ij.

Item, per lo trebalh, so que vos playra...................... g. ij.

.....Item ay bayia al. noble Jac. Huabrelhal[2], cant anè enpru[n]tar los dos sens f. en Ax de Me Mordacays............................ f. iiij ½.

1421. « Johannes de Rochatio », trésorier (*clavarius*), compte en latin.

1422. Jaume Cathelan, trésorier.

Segon si las rasons de mi Jaume Cathelan, theseurier.

Sec si l'intrament.

L'an mil iiij^c xxij^o, e lo jorn xxvij del mes de mars, pause ieu Jame Cathelan, theseurier present de la universitat de la cieutat de Dinha, aver reseuput las causas que s'en segon.

Et premieramens ay reseuput de la reva lieurada al temps que[3] maystre Johan de Rochas, passat theseurier de la dicha universitat, so es assaber de Pons Fabri e a Peyre Rostanh, alias Peyrachon, del dich Pons e Peyre ff. c xlj ½.

.....Sec se l'esida de mi dich theseurier. Et premierament pause aver pagat per ordenansa facha en consel a Frances d'Ayguiera................ f. xxv.

.....Item, plus pause aver pagat, per ordenansa de conselh, per los chamosses dónas a maystre Ponset de Rosset........... ... f. x. s. viij.

.....Item mays, pause aver pagat a Lagier Mota, per la caus portada per lo dich Lagier, del forn de la caus de Aygas Chaudas al pont de Merdarit[4]. f.j.

1. Le feuillet où sont écrites ces lignes a été relié par erreur au milieu du compte précédent, en tête du *pendent*.

2. Membre d'une famille qui, dans les textes latins, porte le nom d'*Aperioculos*. Ce nom reparaît à maintes reprises dans les actes du xive siècle publiés par Guichard, *Cominalat de Digne*.

3. La construction exige *de*, mais l'écrivain pensait peut-être finir sa phrase autrement.

4. Les Eaux-Chaudes et le Mardarié, deux ruisseaux qui se jettent dans la Bléone, à Digne.

· .....Item, per una auna de tela linia en que foron avolopas los chamosses que se manderon al dich maystre Ponset de Rosset, pause aver pagat... `s. j ⁴.

.....Item, pause aver pagat al noble Berthodo, per ordenansa de conselh, per los albarestiers que aneron a Tolon....................... f. xxiiij.

.....Item, plus pause aver pagat a maystre Jo. Filhol, maystre de las scolas, per ordenanssa de conselh, per quatre estudis acomensas e fenis en mon an, coma esta appodixa facha de sa man.................... f. v.

Item, de gracia special, de un estudi.................... f. j, s. iiij.

IV. 1423. Peyre Elzias, trésorier.

.....L'an que desus, e a xxviij de mars, pause ieu dich theseurier aver pagat, premieramens per una man de papier que doniey a maystre Bertran Isnart, notari, de[l] conselh de Dinha, per escrieure las ordenansas d'aquel conselh, un gros.

.....Item, plus pause aver pagat al mesagier que mandet Monsenhor de Forcalquier per los albarestiers que anessan a Tolon e per comandament del (sic) senhors sendegues e del conselh........................... f. j.

.....Item, plus pause aver despendut per far metre en hostages Peyron Riquet per l'argen blant que deu a la vila, d. doze, de que y a mandament; non ay pogut aver lo principal ni las despensas................. d. xij.

Item, plus pause aver despendut per far metre en hostages Peyre Gerin que paguessa so que deu de la resta de la reva de la vila, d. doze, de que esta mandament... d. xij.

142.:. Lagier Mota, trésorier.

Item, ay bayllat, de comandament dels senhors sendegues e per ordenanssa del consselh, a aquellos que feron lo juec del Contrach de l'arma e del cors... f.v ¹.

.....Item, ay bayllat a Bertran Vayssel, per ordenanssa del conselh, per lo chanbi que fey dels patacs que portet a Fransses d'Ayguera que non volc los patacs... f. 1 ².

.....Item, ay bayllat a mess. Peyre Chaussagros, de comandament dels senhors sendegues, e per ordenanssa del consselh, per jᵃ dozena de chamos, los cals li son agus donas per lo consselh, f. x, los cals chamosses ay agut de Loys Amalric; constan..................................... f. x.

.....Item, a Guilhem Davit que fey la crida que tota persona que agues gros chan lo degues far portar tolos, per tal que non intressan en las vinhas ³, d. iiij.

---

1. Je n'ai pas trouvé dans les délibérations de l'année 1424 (BB 1) l'ordonnance concernant cette dépense.

2. L'ordonnance se trouve à la séance du 10 avril 1424.

3. Ce devait être une sorte d'entrave analogue au *erocus* mentionné dans Du Cange.

1425. « Ludovicus Lamberti », trésorier. Compte en latin.

1426. « Johannes de Rochatio », trésorier (*clavarius*). Compte en latin.

1427. Loys Mataron, trésorier.

Segon se las solutions fachas per mi Loys Mataron, thesaurier, sus l'an e lo jort en aquellas contengut, 1427.

Et primo, lo jort vij d'abril, pause aver paguat, tant per lo papier de las hordenanssas del conselh quant per lo papier de mas rasons........ g. ij.

.....Item, lo jort xiiij de may, pause aver pagat a maystre Blay Matieu, rector de las scolas, per l'estudi de Chalendas, durant antro a Passca, f. j, s. viij [1].

.....Item, lo jort xxviij de julh, pause aver pagat a mon honcle Steve Audibert, tant per la reparacion de la taulissa [2] quant per aquela del croton [3] del fort, f. xvi. — Item, per los melatons [4] del croton f. iiij. — Item, per las senepas de la taulissa, g. viij. — Item, per far portar las fustas grossas que eran davant l'ostal de maystre Juhan untro justa lo fort, g. iij. — Item, per far scobar l'ostal de la vila d. iiij.

.....Item, lo jort xxvij d'ahost, pause aver pagat al frayre del rey de Pavarona, del pays de Bohemia, f. iij. Consta per l'ordenanssa del conselh lo jort xxvij d'ahost [5].

Le compte de 1428 (*Ratio Johannis Berani thesaurarii*) est en latin.

1429. Jaume Catalan, trésorier.

.....Item, a Amidet (?) juyeu, per son coretagi, car percasset en Avinhon de far aver a la vila, f. iiijᵉ.............................. s. iiij.

---

1. Le 22 juillet, on paye au même trois florins pour l'étude de Pâques à la Saint-Jean. Le 25 décembre, c'est à un autre « rector » appelé Michel de Casalamartin qu'est faite une allocation de 2 gr. et demi (de la Toussaint à Noël).

2. Toiture en tuiles.

3. Caveau, crypte; Mistral, CROUTOUN.

4. Pour *maletons*, diminutif de *malon*, carreau en terre cuite ?

5. Voici la délibération à laquelle (dans ce cas comme dans tous les autres) renvoie le trésorier Mataron :

(BB2) « Et primo fuit ordinatum, nemine discrepante, quod dentur, amore Dei, fratri regis Pavarone de Boemia actenta bulla domini nostri pape et literas (*sic*) domini nostri regis, flor. tres, quos solvat thesaurarius. »

Il n'est guère douteux qu'il s'agit ici d'une bande de Bohémiens. A la même date, du 17 août au 8 septembre, une autre bande, dont celle-ci s'était probablement détachée, séjourna près Paris, prétendant accomplir une pénitence, et montrant, à l'appui de cette prétention, une bulle du pape ; voir P. Bataillard, *Bibl. de l'Éc. des ch.*, V (1844), 521-2.

.....Item, per aquellos que feron lo juec als Frayres menos, ista per ij orde-
nanssas ....   f. ij [1].

.....Item, enformo lo dich successor mieu que deya exegir que venda vᶜlv
sestiers de chaus, los quals vᶜlv sestiers ha maystre Jaco lo teulier dareyre si
de la villa.

Item, que deya exigir de messier Anthoni Agnelh flor. xxv, los quals li ha
prestat la villa quant anet a Roma, aysins quant es manifest de una apodixa
facha de sa man.

1430. Loys Alhaut [2], trésorier.

.....Item, lo dich jort, met aver pagat lo dich thesaur. et despendut, per
chambi. de flor. quaranta, que los chambiè de patas en grosses, a rason de
tres deniars per flor., que monta grosses set, deniars viij. Item, des flor. a
rason de hun patac per flori, que monta des patas . . . .   s. xj, d. viij.

.....Item, dis lo dich thesaur. aver pagat a Jaume Cathalan, per lo chambi
de flor. cent, de patas metre en grosses, a rason de tres deniars per flor.,
e en exequucion d'una ordenansa facha a v de mars, fuelh xxxvj, sous vingt
et sinc.

1431. Loys Hortolan, trésorier.

.....Sec se l'argent receuput per mi teuzeurier, juxta lo pendent a mi assi-
gnat, particularment coma s'en sec.

Et primo, car mon predecessor m'enforma que yeu deya exigir del noble
Antoni Ysoart flor. sincanta, la cal soma non ay pogut exegir, per la con-
tradicion del sobredich sen Antoni Ysoart, car, demandant me lo dich
argent, el a volgut demandar a la vila .j. deute, coma sap lo consselh, de
que lo dich consselh a prollongat la causa per vezer si se trobaria quitanssa
del dich deute, e per tal non en fac intrada, mas ho laysso a mon sucessor
a exegir.

.....Item, pauso aver paguat a maystre Jaco lo teulier, per .j. jorn que ha
hobrat al rellogi a enbochar las charieras [3] . . . .   s. iiij.

Ista ordenansa, fº eoden (folio 8).

.....Item, pauso aver paguat a maystre Miquel Guastinel, comessari sus lo
fach dels albaresties, per la guera de Marxellha, vz. . . . .   f. cxlj.

---

1. Je n'ai trouvé qu'une seule de ces deux délibérations : 21 mars 1429
(1430) : « Item fuit ordinatum quod dentur illis qui debent facere ludum,
pro succursu ipsius (sic) flor. unus.

2. Il y a, dans le préambule, « Loys Lions », mais c'est une erreur ;
c'est Loys Alhaut, comme il est dit un peu plus loin à diverses reprises.
L'écriture de Loys Lions, qui fut trésorier en 1436, est tout autre.

3. Je ne sais comment interpréter ici charieras, qui reparaîtra plus loin
(p. 414) dans un autre compte.

Ista ordenansa, fol. xj [1]. Ay apodixa de sa man.

.....Item, pauso aver pagat a la companhia dels arbalesties, quant aquílh de Barema vengron jugar la primera vegada.................. f. j, s. viij.

Ista, ordenansa, f⁰ eodem (*fol.* 13).

.....Item, pauso aver pagat a Loys Guarssin per .j⁴. fusta que mes en las planchas d'Aigas Chaudas, vz........................ s. v, den. iiij.

Ista ordenanza, f⁰ eodem (*f.* 13).

Item, pauso aver pagat a maystre Andrieu, predicador, coma ista per ordenanssa del consselh, fol. xiij, viz........................... f. iij·

.....Item, pauso aver pagat a Lagier Mota per las taulas que preron los sendegues d'essi, quant Carlle Espiafam sa fom, o per far lichiera [2] e portas als bans, monta................................ s. xij, d. viij.

Ista ordenanssa, f⁰ xiij.

.....Item, pauso aver pagat a maystre Loys Lanbert, per hordenanssa del consselh, per perquere los cartolaris de maystre Jo. Pahes, si trobera quitanssa del fach de sen Antoni Ysoart......................... s. iiij.

.....Item, pauso aver pagat, per ordenanssa del consselh, a la companhia dels albarestiés, quant vengron jugar aquilhi de Barema la segona ves. f. iiij.

Ista ordenanssa, f⁰ xxiij.

.....Item, pauso aver pagat a Chapas, per lo loguier de son hostal de l'ubac, que fom hordenat que la vila pagues lo dich hostal per las filhetas, vz... f. j. s. iiij.

---

1. Voici cette ordonnance, qui en effet se trouve au folio indiqué (séance du lundi 4 juin) :

« Et primo fuit ordinatum....., quod cum nobilis Michael Guastinelli missus fuerit ad presentem civitatem Digne per dominum viceregentem, ad exhigendum flor. tres pro focco, pro succursu insultus Cathalanorum nunc sistencium ante portum civitatis Massilie, igitur fuit conclusum, attenta necessitate et urgente, que cogit legem, quod modo solvantur et delliberentur dicto nobili Michaleli commissario super hujusmodi causa et per Ludovicum Gardenaris (*Louis Ortolan*) thesaurarium modernum, videlicet flor. centum quadraginta unus tangentes presentem civitatem Digne, ad rationem florenorum trium pro quolibet focco, et quod habeat quitanciam ab ipso nobili Michaele in forma. »

On sait que, plus heureux qu'en 1429, où leur ville avait été prise et pillée par les Aragonais, les Marseillais réussirent, en 1431, à repousser leurs ennemis. Une trève (5 juin 1431) mit fin à la guerre (Ruffi, *Hist. de la ville de Marseille*, I, 265-4).

2. Il y a dans la délibération (15 juin) : « pro tabulis emptis pro constructime licteriarum Karoli Spiaffam. » *Lichiera* désigne-t-il une sorte de lit ? Voy. Mistral, LICHIERO. Vers la même époque, vivait à Avignon un Carlo Spiefami, banquier.

Ista ordenanssa, fᵒ xxix ¹.

1432. Alzias Mataron, trésorier. Compte en provençal. Je n'en donne aucun extrait.

1433. Blase (ou Blasy) Malsanc, trésorier. Compte en provençal. Je n'en donne aucun extrait.

1434. « Johannes Berani », trésorier. Compte en latin.

1435. Honorat Clar, trésorier.

.....Item, pause aver pagat al noble Loys Amalric e a Loys Mataron, per la lieureya dels sendegues, flor. trenta e sieys. Ista per ordenansa facha al conselh, folio xxiiij.

Item, pause aver pagat al notari del conselh, per sos gages, flor. ueht. Ista per ordenansa facha al conselh, folio predicto. N'ay apodixa.

.....Item, pause aver pagat a maystre Guilhem Salva, per sos deries gages del reloge, flor. sinc. Ista per ordenansa facha al conselh, folio predicto. N'ay apodixa.

1436. Loys Lions, trésorier.

.....Item, pause aver pagat a Loys Amalric e Loïs Raos, culhidors de la talha de xx milia flor. que foron donas per lo secors de Jenoa e per la garda dal païs, per la rata tochant està villa, so es a saber flor. dos cens e des e grosses nou e d. des; costa per ordenanssa, fᵒ xxv ².

.....Item, pause aver pagat a moss. d'Aurayson e als autres recorredors das fuacs ³, per lo recors dals fuacs que feron per aquesta vila per lor gajes, flor. quinze.

Item, per lo notari que fe lo istrument del recors, flor. hun.

Item, pause aver pagat al Moyne, hoste das dichs recorredors, per so que despenderon ellos e lor chavals, car la vila lor fazia lor despens, so es a saber flor. set e grosses sieys ⁴.

Item, per la torcha que se cremet quant venc moss. d'Auraysson, s. ij.

Les quatre comptes suivants, qui terminent le volume (1437-1440), sont en latin.

---

1. Voici cette ordonnance (2 janvier 1432, n. st.) :
« Item fuit ordinatum quod relinquatur sive demandetur domus Stephani Chapassii de Ubacco que fuerat locata pro servicio meretricum, et quod solvatur eidem Chapassio salarium quod sibi debetur usque diem presentem. »
2. Voir ci-dessus, p. 396, la délibération du 17 septembre 1436.
3. Cf. p. 407, note 2.
4. Délibérations, samedi 16 mars 1427 (n. st.) : « Item, flor. set e demiey per la despensa que an fach a l'ostalaria dal Moyne.

L'état de dépenses qui suit est écrit sur une feuille volante que j'ai trouvée dans le compte de 1425 (Louis Lambert). Le fournier Jean de Roca, qui l'a présenté au Conseil de Digne, était visiblement peu lettré; sa graphie n'en est que plus intéressante parce qu'elle note certaines façons vulgaires de prononcer qui ne sont pas fréquentes, par ex. *cindregues* (qui se trouve ailleurs) pour *sindegues*. Je ne suis pas très sûr que ce compte, qui n'est pas daté, se rapporte effectivement à l'année 1425 : le feuillet peut avoir été placé par hasard dans le compte de cette année, et il est vrai que je n'ai trouvé aucune mention des dépenses qui y sont détaillées, ni dans le compte ni dans les délibérations de 1425, mais il est sûr du moins que maître Jean de Roca vivait à cette époque, car les délibérations de 1425 contiennent un article qui se réfère à un autre état fourni par le même entrepreneur [1].

Davant vos autres, honorables senhors cindreges [2] e concelhiers, espausa maistre Juhan de Roqua, fornier d'esta villa, las caussas que si ensegon.

Premierament, de aver paussat doas carieres [3] en la tarassa [4] del fort, que costan de conpra e de adure...................................... s. xxiiij.

Item, ay paya far, las pausar a Ant. Coriol, s. iiij, exeptat lo nuyrir que vos i meti concientia (*article cancellé*).

Item, ay paya al murayre que a fach la paré florins des.

Item, ay paya de compra de la chaus florins set, s. v.

Item, ay paya per adure l'arena, per sinc jornals, vint blancs, que monta s. xvj.

Item, ay paya per far trayre la tera del fort, s. xiij, d. iiij.

Item, ay paya de gip sest. lxij, montan per rest. den. viij, summa g. xxxj.

Segon si las causas que bayla le sobredich maistre Juhan a vos autres senhors cindreges e conseilliers.

Et premierament dos fustas que son davant sa porta per pres de f. v.

---

1. « Primo computavit magister Jo. de Rocha, fornerius, cum dictis dominis sindicis et consiliariis de renda furni de toto tempore preterito et de duabus solutionibus fiendis, vz una in festo beati Jo. Baptiste et alia in festo Nativitatis Domini...... » Cet article est daté du 20 juin.

2. De même *sindregue* plus loin, dans un registre de Castellane.

3. Plus loin *charieres*. Nous avons déjà rencontré ce mot, qui n'a évidemment pas le sens de « route » dans un compte de Digne (compte de 1431).

4. Cf. plus haut, p. 388.

Item, bayla quatre fustas de las quals eu avie vendut, a frayre Raynaut Rapert, doas, per pres de .iiij. f., e las doas son pars, montan las quatre f. vij.

Item, bayla mays charieres tres per pres de un franc [la pessa, montan f. iij.

Item, bayla sieys pessas de serenta (?) a rasson totas sieys de f. ij ⸗ (*article cancellé*).

Del mays ho del mens que valrien las sobredichas fustas me remeto a vos autres honorables senhors cindreges e concelliers.

Le feuillet contient encore quelques lignes, en provençal et en latin, mais d'une autre écriture.

SAINT-JULIEN-D'ASSE

Cette commune, du canton de Mézel, est située sur la rive droite de l'Asse, à une trentaine de kilomètres au sud-ouest de Digne. C'est là, très probablement, qu'a été écrit le registre terrier dont je vais donner quelques extraits. Ce registre, en papier, format d'agenda (31 cent. sur 11), se compose de cinquante feuillets dont les trente-trois premiers et les cinq derniers sont seuls écrits. Il se compose de deux parties bien distinctes. La première contient l'énumération des services dus à une dame Loaix, dans le territoire de Saint-Julien-d'Asse. Le premier feuillet renferme les noms des personnes, au nombre de soixante-sept, dont les biens étaient soumis à redevance ; le second feuillet est blanc, les feuillets suivants, numérotés j à xxxij, renferment, sous le nom des soixante-sept tenanciers, l'indication des biens avec celle de la redevance due par chacun d'eux. Cette partie n'est pas datée ; d'après l'écriture, je l'attribue au commencement du xv⁻ siècle. Je donne la transcription de trois des paragraphes de cette première partie.

La seconde partie (les cinq derniers feuillets) se compose de cinq paragraphes respectivement intitulés comme suit :

1° Recepta de rationibus et servicis per me Petrum Suzoni, in die Sancti Laurenti, Mᵒ iiijᶜlxxix (*provençal et latin*).

2° Segon se aquelos que an pagat lo servicij de Sant Julian de Asse a me Jehan de Solier d'Aix, en nom de la magnifica dama dels Arcz et de Trans de dos anadas passadas, tant deutes coma servicis, l'an mil iiijᶜlxxix, et lo jxxv et xxvj de julh.

3° Segon si aquellos de Sanct Julian que an pagat serviscis de dos ans, culhis per sen Jaume Maynier, present my Honorat Ysnart, not., per madama de Trans, lo xxix jort de jun mᵒ ccclxix.

4° Las escuzas de aquellos que non an paga.

Ce document fait partie de papiers de famille donnés aux archives des Basses-Alpes par M. de Boisgelin.

Fol. 1. *La exti[m]acion breva [dels [1]] servisis de ma dama de Loaix en lo luoc de Sant Julian d'Assa.*

MAYSTRE ANTHONI COT.

Premierament un hostal juxta l'ostal del noble Peyre de Bras [2], d. j çor.

Item, .j. prat en la palut soteyrana juxta lo prat de Jaume Robont; fa iiij s; correns a pan e vin pagados en la festa de calenas.

Item, .j. terra pausada als Fonayrals (?) juxta la terra de Peyre Martel; fa iiij d. de cor.

Item, per una terra della Assa [3], juxta la terra de la dicha dama; fa lo vinten quant bladava.

Item, .j. casal en la borgada, justa la granega de Peyre Martel; fa d. viij cor.

Prometen d'esser d'ayssi avan, per el e per los sieus, homes liges e naturals de la dicha magnifica dama, et de coyre en son fort [4] e de li esser tengus en quatre cases permesses de drech, protestan [5].

Obligant se e tos lur bens a totas las cors ecclesiasticals e seculars des contas de Provensa e de Forcalquier, em (?) forma. Consta nota presa per M° Thadieu Vanin (?).

(*Fol. xvj v°*) FOLCO SAUMA. Premierament, una vesssana [6] de terra pausada al terrador del dich luac, luac dich al ray [7] d'Archalh [8] confrontant de dos. pars ambe alcunas terras del dich recenoyssent e ambe la terra de Michel Bauset; fa de servisi lo vinten.

Item, un' autra terra aqui mesme, justa lo beal del Toron e an la terra de Johan Raols e an lo ray Archalh; fa de servisi lo vinten.

Item, una vinha al laus (*ou lans?*) justa la cassa de Gili Affetat, e justa lo camin des pras; fa de servisi lo vinte.

Item, la mitat d'un tros de granega comun e indevis entre lo dich Folco e

---

1. Mot enlevé par une déchirure.
2. Le Bras-d'Asse, commune voisine de Saint-Julien.
3. Au delà de l'Asse, sur la rive gauche de ce torrent.
4. Four.
5. Il semble que ce soit le début d'une formule inachevée.
6. Mistral enregistre ce mot (*vessano*) sous VERSANO, avec le sens de « billon, planche de terre labourée ». Cf. Du Cange, VERSANA, où l'on voit que ce mot signifiait soit une terre nouvellement cultivée, soit une terre située sur le penchant d'une colline.
7. Fontaine, source.
8. Archail est une commune du canton de La Javie, mais c'est loin de Saint-Julien-d'Asse. Cf. plus loin *ray Archalh*.

Rostanh Sauma, frayres, davant la vila, justa la ferraya¹ de maystre Ysnart Vesian e lo riu de Sant Julian, franc de servisi.

Item, un hostal pausat en lo dich luac, justa l'ostal de Peyre Collant e l'ostal de Bertran Sauma; fa de servisi una mealha.

Item, un ort en lo mal vallon, justa la ferraya de la dicha dama, e justa lo vallat dels barris del dich luac; fa de servisi una cartiera d'anona e den. dos correns.

(Fol. xxix v°) JAUME JAUFRE. Premierament un hostal en lo dich luac, confron[tant] ambe l'ostal de Jaume Meysonier e an l'ostal de Jaume Affetat e an l'ostal de Jaume Raynier; fay de servisi una emina d'anona.

Item, un ort ho canabiera en la palut, justa lo camin que hon va a Bras, e an lo prat de Isnart Vesian; fay de servisi una emina de anonna.

Item, una terra della Assa, justa la terra de la dicha magnifica dama e la terra de Hugo Jaufre, e la terra de Mayme Raols; fan de servisi lo vinten.

(Fol. xxx) Item, una terra en Mosson, justa la terra de Jaume Meyssonier e justa la terra de Johan Luca; fay de servisi lo vinten.

Item, un prat della Assa, justa lo prat de Johan Passi e lo prat de Julian Chalvet; fay de servisi den. dos cor.

Item un stable dessos la vila, justa l'estable de Isnart Jaufre, e justa los cros de la granega de Anthoni Cot; fay de servisi den. quatre.

Item, una vinha herma al Toron, justa la vinha de Isnart Jaufre e justa la terra de Anthoni Ambrueys; fay de servisi lo vinten.

Item, una terra aqui meseme al Toronet, justa la terra de Hugo Jaufre e justa la terra de Isnart Jaufre; fay de servisi lo vinten.

Item, una autra terra als amendias (?), justa la terra de Johan Sauma e la erra de Mayme Raols, fay de servisi lo vinten.

Item, un casal pausat en lo dich luac, justa la capella de Nostra Dona e an l'ostal de Isnart David; fay de servisi den. tres cor.

Item, un prat della Assa, confrontant an lo termini (?) del terrador det Bras e an lo prat d'en Isnart David; fay de servisi den. quatre de cor.

Las quals possessions desus dichas son de acasament, per lo qual acasament, otra los servisis davant messes, fan de servisi cascun an ½ civadier de civada e den. xvj de cor., per doas ½ corroadas, las quals fayre solian, e de² aver sac e corda per portar lo blat de l'iera a l'ostal, aysins coma son autres homes tengus de far.

---

1. Terrain planté en fourrage; Mistral FARRAJO. Cf. fol. xxviij v° : « Item, un *ferrayon* en lo vallon de Sant Julian... »

2. *De* ne se comprend pas, parce que la formule est incomplète; il manque le mot *promesen*; ainsi fol. viij v° : « Prometent de pagar los servisis desus dichs e de coyre al fort de la dicha dama, e de aver bast sac e corda..... »

V. — FORCALQUIER

Les archives de Forcalquier qui, malgré de nombreuses lacunes [1], forment encore un fond intéressant et, jusqu'ici, peu exploré[2], ont été classées en 1858 d'après le plan indiqué dans la circulaire du 25 août 1857. Mais les sages prescriptions de cette circulaire ont été mal observées, car beaucoup d'articles contiennent jusqu'à trois ou quatre registres groupés sous un seul numéro, et certains documents sont dans une série autre que celle où ils auraient dû être classés. L'inventaire, quoique trop sommaire et souvent inexact, peut cependant guider les recherches et servir à un récolement.

Série BB (Administration municipale). — Le plus ancien des registres de délibérations du Conseil (BB 43[1]) s'étend du 31 mai 1474 au 19 mai 1496. C'est à la fin de mai qu'avait lieu le renouvellement des officiers municipaux. Il est tout latin, sauf un petit nombre de délibérations qui ont été rédigées en provençal dans des circonstances qui seront expliquées plus loin. Mais on y trouve la transcription de divers règlements et de comptes présentés par des trésoriers, et ces documents sont en langue vulgaire. Après le 19 mai 1496, il y a une lacune de trente ans dans la série des registres. En effet, le registre suivant (BB 43[2]) contient les délibérations du 10 juin 1527 au 27 mai 1537. Il est encore en latin, sauf insertion de quelques pièces en provençal. Ensuite, nouvelle lacune de dix ans. Le troisième registre (BB 43[3]) va du 10 juin 1548 au 8 juin 1560;

---

1. Il paraît qu'elles ont subi des pertes considérables sous la Restauration. C'est du moins ce que dit C. Arnaud dans l'ouvrage cité à la note suivante, I, 277.

2. Les registres des délibérations et les comptes ont été utilisés par feu C. Arnaud pour le livre qu'il a publié sous le titre assez trompeur d'*Histoire de la viguerie de Forcalquier* (Marseille, 1874-5, 2 vol. in-8), qui est un recueil d'observations sur l'histoire municipale des villes de Provence en général. Les textes cités dans cet ouvrage sont intéressants, mais peu correctement transcrits. Ils sont, pour la plupart, tirés des archives de la Chambre des Comptes d'Aix, conservés aux archives des B.-du-Rhône.

il est en français[1]. Il est probable que le changement d'idiome avait eu lieu, comme en d'autres villes, vers 1540.

Dans la même série, sous la cote BB 2, a été placé, bien à tort, car il devrait être dans CC, un compte de 1489, dont je rapporterai plus loin quelques lignes.

Série CC (Impôts et Comptabilité). Je signalerai d'abord deux compois (CC 3 et 4), l'un de 1448, l'autre de 1550, tous deux en provençal. Le compois qui vient ensuite (CC 5), et qui date de 1570, est en français.

Les comptes commencent en 1488, mais présentent beaucoup de lacunes. L'article CC 32 (qui devrait former plusieurs articles et être classé à nouveau) renferme des comptes de 1488 à 1536. Les comptes de 1488 et de 1489 me paraissent être des registres de taille; ils sont partie en latin, partie en provençal, mais, du reste, ne contiennent guère que des noms. Ensuite viennent les comptes des années ci-après indiquées : 1496-7, compte trésoraire en provençal. — 1512-3, id., prov. — 1517-8, id., prov. — 1519-20, id., prov. — 1527-8, id., prov. — 1533-4, id., prov. — 1535-6, id., prov. — 1536-7, id., prov. — Le même article CC 32 contient encore un registre de quittances de 1532 à 1537; ces quittances sont tantôt en provençal et tantôt en latin.

L'article CC 33 est formé des comptes de 1532 à 1547. Le français fait une première apparition en 1546 :

S'en sec lou manuel de la tresoararie de Jaques Berluc, de l'an mil cinq cens quarante six et quarante sept.

Item, pause avoyr payé à Me André Mosse sept florins sept soulz ung liard, esquelz la ville luy est tenu per (p barré) cause de dix huict livres et ung carter de siere[2], coume apert per poulize a mon poudissayre[3], au fo premier.

Item, pause aver pagat a Me Anthoyne Vicary, de Forc., dix soulz esquelz la ville luy est tenu pour deux jours qu'il avoit vaqué pour lad. ville, coume apert per poulizo a mon podissayre, au fo premier.

---

1. Naturellement, ce français est passablement imprégné de provençal; ainsi une délibération (fol. 193) commence ainsi :

« L'an mil cinq cens cinquante ung, a la nativité de Nostre Senhor, et le diseneufviesme jour du moys de may, congregé le venerable conselh de la commune de la present ville de Forc... »

2. Cire.

3. Le livre où on écrivait les quittances (apodixe).

Item, pause aver paguat a Monsen Nicolas Roubaud, prestre, ung florin
auquel la ville luy est tenu pour avoir sonné les cloches la nuyt de la veilhe
de Saincte Anne...

L'intention d'écrire en français n'est pas contestable, mais ce
n'est pas encore du français. Du reste, les trois comptes suivants
(1547-8, 1548-9, 1549-50) sont en provençal. Le français
reparaît de 1551 à 1554; mais le provençal reprend le dessus
de 1556 à 1558, et c'est seulement à partir de la Pentecôte
1558 (l'exercice commençait au lendemain de la Pentecôte) que
le français est définitivement adopté dans la comptabilité. Tou-
tefois, cette règle ne concerne que les comptables; elle ne
s'applique pas encore d'une façon absolue aux créanciers de la
ville. Le registre coté CC 35, qui contient des quittances
datées de 1564 et 1565, est presque entièrement en français;
toutefois, on y trouve encore un petit nombre de quittances
(ff. 6 v°, 108, 116,,192, 212) qui sont rédigées en un proven-
çal très francisé. Voici la dernière de ces pièces (fol. 212) :

> Ieu sotosegnat confesse de aver agut et resaupud de la comuno de Forc.
> et per les maus de Sʳ Jaques Auberd, jadis tresorier, la somo de vint et nuf
> florins, et se en dedusion d'uno mienno parsello, quomo apert au libre des
> parsellos a f° 70, dont quite la dito comuno et tresorier de la susdito somo
> de xxix f., se 14 de novembre 1565.

> Noble Jehan MERCIER apporⁱⁱ.

Dans la série EE (Affaires militaires), on peut signaler un état
(une *parcelle*, comme on disait autrefois) de vivres fournis à la
garnison de Forcalquier en 1564 (EE 4). Ces documents ont
été rédigés en un provençal très imprégné de français.

Mais le document provençal le plus ancien et, à tous égards,
le plus intéressant, que renferment les archives de Forcalquier,
n'a rien de municipal, et n'est entré dans ces archives que d'une
façon que l'on peut qualifier de clandestine. C'est le fragment
du registre commercial d'Ugo Teralh, marchand drapier de
Forcalquier, qui s'imprime actuellement pour paraître dans les
Notices et extraits des manuscrits, t. XXXVII, et dont j'ai, en
son temps, annoncé la découverte (*Romania*, XXVII, 171).
Les feuillets de papier dont se compose ce fragment avaient été
placés à l'intérieur de la couverture en parchemin du registre
BB 43¹ pour lui donner plus de consistance. Je les en ai retirés
et, les ayant fait réparer, je les ai renvoyés à Forcalquier pour

être classés dans la série II des archives de cette ville. Ayant publié en entier ce document avec les éclaircissements nécessaires, je n'en citerai ici aucun extrait.

Il ne saurait être question d'imprimer *tous les documents provençaux* dont j'ai donné ci-dessus l'indication très sommaire. Je me bornerai à en publier quelques-uns, que je choisirai parmi ceux qui m'ont paru présenter le plus d'intérêt. On n'y relèvera presque aucun des caractères par lesquels se distingue actuellement le langage de Forcalquier et des environs, tel qu'on peut l'étudier dans les poésies de M. Plauchut qui en *donnent une représentation fidèle, par ex. le passage d'*r *à* l, le changement d's finale en i (semi-voyelle) devant les consonnes sonores. C'est que ces particularités sont de formation assez récente et n'existaient pas encore, ou du moins étaient peu sensibles au xvᵉ siècle ou même au xviᵉ.

Dans mon mémoire sur *c* et *g* suivis d'*a* en provençal, j'ai exprimé l'idée que le sud-ouest des Basses-Alpes, et nommément Forcalquier et Manosque, appartenait visiblement au domaine de *ca, ga* [1]. Cette assertion est à peu près vraie actuellement, mais elle n'est pas exacte pour le moyen âge. On trouvera dans les documents publiés ci-après un grand nombre de mots commençant par *cha*. Il a dû se produire à Forcalquier un fait analogue à celui que j'ai constaté à Digne [2], la substitution graduelle des formes plus méridionales *ca, ga* aux formes *cha, ja*. C'est le fait qu'a déjà constaté M. de Berluc-Perussis, dans une note communiquée à M. E. Sommer, auteur d'un *Essai sur la phonétique forcalquérienne*, que nous avons annoncé ici-même [3] : « A Forcalquier, dit M. de B.-P., le chuintement « est aujourd'hui disparu, le peuple le regardant comme un « signe grossier propre au langage montagnard. Toutefois, il « subsiste encore dans les noms de lieux et de familles..... On « constate partout que le chuintement est refoulé vers la région « la plus montagneuse. C'est le signe dial. ..al dont rougissent « le plus, en arrivant à Marseille, les Alpins qui vont s'y éta- « blir » (*Essai*, etc., p. 74, note 1). C'est le cas de citer un

1. *Romania*, XXIV, 553.
2. *Ibid.*, 552.
3. *Ibid.*, XXVI, 626.

proverbe recueilli au xvii° siècle dans la *Bugado* : « Vou parlar « prouvençau, mai lou gavouet ly escapo » (réimpression Makaire, Aix, 1856, p. 100).

Voici le début du compte de 1489 (BB 2) mentionné plus haut :

La parcella de la spensa facha a .j. de may per la venguda de monss. de Greus allas mostras l'an mil iiij°lxxxix.

Sec s'en la spensa facha per mess. sendigs et auxi per mi Charle, thesaur., tant de los habilhamens de las gens d'armas della villa de Forc. comma per la spensa de monss. de Greus et de sas gens ambe sertans gentils homes, aver fnanchat anb'el, et auxi de sertans autres (*sic*) despensas fachas comma s'en sec l'an mil iiij° lxxxix et a .j. de may.

Et p°, de Bastian Berluc, per cana 13 de drap roge per far los hoquethons de la gens d'armas de la dicha villa, per viij° hoquethons, montan .... ff. vi, gr. iiij.

Item, a M° Jaume de Francona, per xiiij¹ª pals de blanquet que vahla per la devisa das hoquetons, que montan...................... ff. iij.

Item, per thondre del dits draps paye auxi al dich Francona.... g. 13.

S'en sec lo dinar que fon lo premier jort de may en que fon lo noble Sr de Greus et lo Sr de Casanova Cucuron¹, lo Sr de............

De pan xxxvj, montan................................... g. iiij.

Item, en iij lib. de peysson............................. pat. xv.

Item, de M° Barnabé, de formagi lib. vj, montan.............. g. vj.

Item, compare (côpe) lo susdich en d. huous............ g. iiij d. s.

Item, xlj de huous per lo dich dinar, montan............... g. ij.

Je publierai présentement quelques pièces provençales transcrites à la suite de certains procès-verbaux des séances du Conseil, dans le registre BB 43¹. Ce sont des états de dépenses, des *parcellas*, comme on disait, soumises au Conseil par le trésorier.

A la suite de la séance du 22 août 1478² :

(*Fol.* 78) Sec si so que lo thesaurier demanda a messenhors de conselh que li vuelhan acceptar.

---

1. Gréoulx, arr. de Digne, cant. de Valensole ; Cucuron (Vaucluse), arr. d'Apt, cant. de Cadenet.

2. Dans cette séance fut prise une délibération relative à ce compte. En voici le texte :

(*Fol.* 77 v°) Qui quidem domini sindici et consiliarii, omnes simul unanimiter et concorditer, nemine ipsorum discrepante, acceptarunt domino thesaurario presentie universitatis omnes expensas factas pro liberacione pedagii de Labrilhana, tant ds

Et primo gross. vj per ung viage que ha fach mess. Anthoni a Manoasca, per portar los cc florins que la vila ha prestat al rey senhor nostre.

Item, un gros que a pagat ha Glaudo lo fornier per adobar la font.

Item, ung gros que ha pagat al soviguier per relaxar alcuns meyssoniers.

Item, per relaxar lo bayle de Peyrarua [1], ung gros que ha pagat al soviguier.

Item, gross. viij, d. iiij, que ha pagat a mestre Johan Joli, per adobar la font et querre de mossa a Sanct Mayme [2].

Item, xviij sols que ha payat de sobreenchant a La Brelhana per lo peage.

Item, per lo disnar a La Brilhana, g. iiij, d. iiij.

(V°) Item, per la cart que portet a La Brilhana, que monta g. iiij, d. ij.

Item, per lo sopar, cant foron vengus en esta villa de La Brilhana, g. iiij, d. ij.

Item, ung florin que doneron al frayre menor italian que fes tres ho quatre sermons en esta villa.

Item, ung florin que doneron al noble Gorge de Brunel de Negrepont.

A la suite de la séance du 14 sept. 1478 :

(Fol. 79 v°) Segon s'en las causas que yeu, Anthoni Jacob, thesaurier, demande esser acceptat per lo honorable conselh de Forcalquier.

Et primo, pause aver pagat, per ordenansa de conselh, a mess. Johan Matharon, M° racional, que venguet per crida las monedas, per son benvengut, coma costa appodixa, flor. dos et grosses vj.

Item, pausa aver pagat, ausi ben per ordenansa de conselh, en aquellos que foron blessas per prendre l'ors, flor. dos, coma costa appodixa [3].

Item, pausa aver pagat, per comandament des sendegues, a mestre Robin Belengier, quant lo giteron defora [4], flor. j.

---

superinquantu quam in prandio et cena ipsorum dominorum sindicorum et aliorum qui comederunt cum eisdem, prout continetur in cedula hic inserta.

Le péage de La Brillane appartenait à la ville, qui l'affermait annuellement (C. Arnaud, *Hist. de la viguerie de Forcalquier*, II, 42?).

1. Pierrerue, cant. de Forcalquier.

2. Saint-Maime, cant. de Forcalquier.

3. On lit dans la délibération du 3 septembre :

Qui quidem sindici et consiliarii, omnes simul unanimiter et concorditer..... ordinaverunt dari Bertrando Challie, de Lurio, et aliis qui cum eodem fuerunt lesi hiis diebus proxime lapsis in capiendo ursum, per eumdem ursum, pro supportacione expensarum per eos fiendarum in faciendo se medicari, vid. florenos duos per thesaurarium presentis universitatis.

4. L'explication est donnée par cette délibération, 14 sept. :

Item, ordinarunt dari magistro Robino Belengerii qui suos filios morbo pestiffero sepellivit (*la place de plusieurs mots a été laissée en blanc*) et quod recedat a presenti villa et ejus territorio, per spacium certi temporis.

(*Fol. 8o*) Item, pausa aver pagat, per comandament des senhors sendegues, a sen Jaume Sartayre et asson filh, per dos jours que an vacat a cercar la glant ¹, coma costa appodixa, flor. j.

Item, pausa aver pagat, per comandament des dich senhors sendegues, per adobar los portales, gross. dos.

Item, pausa aver despendut, per ung beure des senhors sendegues et a mossen lo viguier, cant vengueron de visitar lo jusiou mort al bosc des Jusious, g. j, den. viij.

Item, pausa aver pagat a Peyre Giraut, per comandament des sendegues, per adobar la font de Bedorriou, gross. quatre.

Item, pausa aver pagat, per comandament des sendegues, per claure las portas des Jusious et de l'ostal de mestre Robin, tant en post coma en clavels, gross dos, et per lo mestre que ho fes.

Item, pausa aver pagat per comandament des sendegues, en aquellos que aneron a Feugieras ² far la sepultura del filh de Mᵉ Robin, gross. dos.

Item, pausa aver pagat al souviguier, per una nuech que velhet quant giteron fora Mᵉ Robin, f. j.

Item, pausa aver pagat a Mᵉ Glaude Aulanhier, per la cabanna que fes al Borguet ³, l'estieu, per los estranges, gross. viij.

En 1478, la peste se déclara à Forcalquier; la première mention que j'en aie trouvée dans les délibérations est celle qui concerne ce Robin Belengier qui fut expulsé de la ville, le 13 septembre, comme on l'a vu dans la pièce précédente. Depuis lors, et jusqu'au 17 avril, inclusivement, de l'année suivante, la communauté de Forcalquier se trouva séparée en deux parties (la ville, entourée de murailles, et le faubourg), entre lesquelles toute communication fut interdite. Les conseillers restés en ville continuèrent à se réunir, mais, comme le notaire du Conseil était hors de la ville, ils chargèrent l'un d'eux, appelé Peyre Mercier, de rédiger les procès-verbaux. Ces résumés des délibérations, écrits sur des feuilles volantes (*parcellas*), furent ulté-

---

1. On élevait beaucoup de porcs à Forcalquier. Ces animaux étaient confiés aux soins d'un pâtre communal, et le conseil de la ville se préoccupait des moyens de se procurer les glands nécessaires à leur nourriture. Il y a beaucoup de délibérations sur ce sujet; voy. C. Arnaud, *Hist. de la viguerie de Forc.*, I, 412.

2. Il y a un lieu appelé Fougères, au sud de Forcalquier, à mi-chemin entre cette ville et Saint-Maime.

3. La place principale de la ville, où est l'église Notre-Dame, s'appelle encore place de Bourguet.

rieurement transcrits dans le registre par le notaire du Conseil, Jaume Garcin. Cela résulte du préambule placé en tête des procès-verbaux de Peire Mercier [1]. Je donne ci-après ce préambule, avec les trois premiers procès-verbaux (25 oct., 2 nov., 7 nov.).

(*Fol. 86*) Segon s'en las ordenansas fachas per lo honorable conselh de Forcalquier, demorant en la dicha villa per lo temps de la empidimia, las qualas ordenansas et conselh son isïadas scrichas per lo discret home Peyre Mercier dal dich luoc, en deffalhiment de notari, coma se conten en las parcellas escrichas per lo dich Peyre Mercier, lasqualas parcellas ay registradas, yeu Jaume Garcin, not. dal dich conselh, per ordenansa de conselh, en la forma et en la maniera que ay atrobat en scrich, sensa ren ajustar ny amermar, en la forma que s'en sec.

L'an Mº iiijᶜ lxxviij, a xxv de octobre, congregat lo conselh en lo lausas de la thomea [2] de mi Peyre Mercier, davant lo discret home mestre Jaquet de Bot, luoctenent de messʳ Laurens de Aribaldis [3], viguier et jugi de la cort real de Forcalquier, en que foron presens los discres homes Jaume Sarrayre et yeu Peyre Mercier, luoctenens de sendegues, sen Johan Girart, Peyre Meolhon, Baudon Paris, Anthoni Sarrayre, Guilhem Andrieu, Peyre Paulet, Frances Chaston, Johan Bellon, Elzias Payan, losquals senliors sendegues et conselhiers an ordenat las causas que occorron per lo present, en la forma et maniera que s'en sec :

Et premieramant ordenan que sia donat ha mestre Jaquet de Bot, per sa pena que el avia en hubrir et sarrar de matin et de vespre, a las horas que el sera requerit, per chascun mes et per sos gages, lo mes, de grosses huech, lo portal de Nostra Dona, et non si gardon plus de jort.

Item, parelhament que sia donat ha Jaume Bonifay (?), per sos gages de hun mes que avia en sarrar et hubrir lo portal de Sanct Peyre, et car s'es perufrit a far la dicha causa, quatre gros lo mes.

---

1. L'insertion dans le registre de Forcalquier des délibérations rédigées par Peire Mercier est expliquée dans une délibération ultérieure du 27 août 1479 :

(*Fol. 95*) Qui quidem domini consiliarii ubi supra congregati, omnes simul unanimiter....., prius ratifficando et approbando omnia acta, gesta et procurata per supradictos dominum Agricolam de Dignosco et Johannem Mosquini sindicos, in causis universitatis presentis et..... ellectionem eorum officii sindicatus factam in presenti villa tempore pestis, descriptam manu Petri Mercerii, in deffectu notarii absentis a predicta villa occasione dicte pestis, *constante quadam parcella per magistrum Jacobum Garcini, notarium in presenti libro inserta*.

2. *Lausas* signifie une grande pierre plate, mais je ne comprends pas *thomea*. La lecture est certaine.

3. Il est appelé « Laurent de *Ardoaldis* » dans l'inventaire des arch. des Bouches-du-Rhône, B 1903, mais je pense que c'est une mauvaise leçon.

Item, que las vinhas et los blas sian en deffension tot l'an.

Item, que mestre Jaquet et Elzias Payan tengan lo partit que an a la viela, a la causa de far lo gach en la companhia de M⁰ Johan Dangart, a reyson de hun florin lo mes per home, et aco per lo patil que an de hun mes.

Item, que aquellos que volran tenir ubert lo portal dels Frayre menors et lo portal en avant, a Sanct Johan per lur ayse anar a lur possessions, que sian tengus [de] sarar et de ubrir a la hora de la Ave Maria, dal matin et dal vespre, a lur despensas.

(V⁰) Item, que sia baylat a mossen Johan Teyssere lo reloge per hun an, a melhor prez que se poyra far, et que sia pagat de hun mes que l'a governat, que es grosses .ix. a la fin d'aquest mes.

Item, que aquellos que an gardat los portals, coma es mestre Jaquet, que ha gardat lo portal de Nostra Dona a causa de la mortalitat hun mes, flor. .j. et segont los patils que li an los sendegues.

Item, que sia comandat al masellier d'aquesta present vila de Forcalquier que fassa ho aucisa de cars bonas et sufficiens, que no sian renas [1] ni chastrols ni aultras cars contrarias, per causa de la pestilencia que corre.

Item, cometon a nos aultres luoctenens que atroben o se provesisca[n] de quatre homes a causa de far las obras de misericordia, et ha melhor prez que si poyran atrobar, a causa de sebelir los mors.

Item, aven promes a Loys Brun, alias Cubet, d'ayci a chalenas per sos gages de so que el sierf las obras de misericordia, flor. iij.

Item, parelhament al bonetier, al dich prez.

Item, avem baylat a mossen Johan Teyssere lo reloge, de Tossans venent en un an, per prez de florins ix, de que n'a huna appodixa facha de ma man et sotàscricha de la man de mon compayre Jaume Sarrayre, coma luoctenens de sendegues.

(Fol. 87) L'an M⁰ iiij⁰ lxxviij, a dos de novembre, congregat lo conselh al lausas de my Peyre Mercier, davant lo discret home mestre Jaquet de Bot, luoctenent de mossen lo viguier, niessrs Laurens de Aribaldis, viguier et juge de la cort real de Forcalquier, en que foron presens lo discret home Jaume Sarrayre et mi Peyre Mercier, luoctenens de sendegues, lo discret home sen Johan Mosquin, sen Johan Girart, Peyre Meholhon, Guilhem Andrieu, Baudon Paris, Frances Chaston, Anthoni Sarrayre, Bertromiou Escuyer, Andrieu Alric, M⁰ Glaude Aulanhier, Monet Perrinel, conselhiers, los cals an abordenat en la forma que s'en sec :

Et premieramen abordenan que l'aver menut lanut venga dedins lo luoc de Forcalquier deves vespre, et de nuech jasser denfro (sic) lo dich luoc de Forcalquier, hun trop [2] apres aultre, una nuech, tant que cascun trop hi aia jacut una nech, et la vila sia tenguda de cascuna bestia que si perdria, et aco

per comandament de mossen lo luoctenent, fasent ho observar als nuyri-
guiers.

Item, que tos aquellos que son enfects, ho sarien mors en lurs hostals de
pestilencia [1], que si asenton d'aquellos que son sans, tant en la gleya coma
per la vila, et que iston en lur retrach, sinon que aguessan necessitat de causa
que aguessan besonh per los malaus.

Item, que la crida que ha fach mossen lo luoctenent que cia revocada, et
que cascun puesca venir en son hostal san ho malaut, istant s'en lur retrach,
coma es dessus ahordenat.

Item, revocan lo gach que si fa de nuech, que non si fassa plus, fach que
aian lo terme de hun mes que an de patil Elzias Fayan et M⁰ Jaquet.

Item, que si netege la font, actendut que es agut vituperat l'abeourayre (?)
per Isnarda, molher de Glaudo Gibellin, sa entras, que hi a lavat alcuns draps
lurs.

Item, que sien pagat de lur gages aquellos que fan lo gach, fach lur terme.

(V⁰) L'an mil iiij⁰ lxxviij, a vij de novembre, congregat lo consell al Por-
guet, davant l'ort de mestre Urban Balp, fabre, et davant lo discret home
mestre Jaquet de Bot, luoctement de mossen lo viguier reyre escrich, et los
discres homes Jaume Sarrayre et mi Peyre Mercier, luoctenens de sendegues,
sen Johan Mosquin, Johan Girart, Anthoni Sarrayre et Guilhem Andrieu,
Baudon Paris, Andrieu Alric, mestre Ayme Lardeyret, mestre Bertromiou,
Johanin Bastier, Peyre Meolhon, conselhies, losquals an ordenat en la forma
que s'ou sec :

Et primo an ahordenat que sia retengut M⁰ Peyre Messonier, mege, per
hun mes a causa de la percussion, et a so que el s'es perferit et presentat de
servir et donar remedi a aquellos que son ho seran enfermes de enfermetat ;
et per sa vita l'an donat et promes la valor ho là soma de florins dos et miech
per sa sustentacion, et car non ha plus demandat, lo sus dich li an liberalment
autrejat ; et si lo dich mestre Peyre es fisel a la vila, et servis la vila, que
fasa bonas operacions, que la villa lo retendia as gages de la vila.

A la suite de la séance du 8 mai 1495 :

(Fol. 375) Sec se despensa que a fach Anthony Mayenc [2], thesaurier, que
demanda que li sia acceptada.

Et primo, a xv de decembre, pausa aver pagat, per comandament de
mess. los sindegues, a Guilhen Molina, per gardar lo portal e per la paga
del mes de novembre.................................... ff. ij, g. ij.

------

1. Il faut entendre : « ou dans les maisons de qui des gens seraient morts
de l'épidémie. » On voit sans peine que ces procès-verbaux sont rédigés par
une personne peu expérimentée.

2. « Anthonius Mayenqui », dans les listes en latin des conseillers.

Item, plus, a xvj de desembre, pausa aver pagat, per commandament de mess. los sindegues[1], a Paul Reynaut, per ung jort que s'es afanat ambe mestre Juhan Maluvert a la font de la Lauveta[2]............... g. j, d. x.

Item, plus, a xx de desembre, pausa aver pagat, per c. de m. los s., per una carretada de lenha, per la provision de l'ostal de la villa.... g. iiij.

Item, plus, a xx de deseubre, pausa aver pagat, p. c. de m. l. s., a mestre Juhan Boyer, alias Maluvert, per tres jors que a vacat a adobar las gorgas de l'eysors[3] de la font de la Lauveta.................... g. x.

(V°) Item, plus, a xxij de desembre, pausa aver pagat, p. c. de m. l. s., a mestre Peyre de Polha per adobar una fusta al solier de l'escola..... g. j.

Item, plus, a xxij de desembre, pausa aver pagat, p. c. de m. l. s., a Franses Meolhon, per gardar lo portal de Sant Peyre................... g. xviij.

Item, plus, lo redier jort de desembre, pausa aver pagat, p. c. de m. l. s., a mestre Anthoni Garcin, per quatre jors que a vacat per ausir los contes de mestre Juhan lo Cordier. .... g. vj.

Item, plus pausa aver pagat, p. c. de m. l. s., a Mielh[4] Ranguin, sirvent, per los enchans, quant se deslieuret lo fort de la Bana et los bans... d. viij.

Item, plus pausa aver pagat, p. c. de m. l. s., a Peyre Volo, de Sant Mayme, per visitar la gipiera[5].................................. g. ij.

Item, plus pausa aver pagat, p. c. de m. l. s., a Amielh Ranguin sirvent, per l'estrena dels enchans dels fors........................... d. viij.

Item, plus pausa aver pagat, p. c. de m. l. s., per doas candelas per deslieurar lo fort dal chamin.................................. d. ij.

Item, plus pausa aver pagat, p. c. de m. l. s., a mestre Glaudo Gonart, fabre, per lo sobre enchant del fort de la Bana............ g. iij, d. xij.

Item, plus, a v de ginoyer, pausa aver pagat, p. c. de m. l. s., a Guilhem Rahos, alias Toalhet, per lo port de una letra que mandet mossen lo viguier e mess. los sindegues a Lus[6], per veser si volion contribuir en la soma dels blas que demandava nostre S. le rey senhor nostre al luoc de Forcalquier... g. j.

(Fol. 376) Item, plus, a x de ginoyer, pausa aver pagat, p. c. de m. l. s.,

1. Dorénavant j'écrirai cette formule en abrégé.
2. La Louette et la Croix de La Louette sont deux lieux dits marqués dans Cassini au S. O. et à une très faible distance de Forcalquier.
3. Les conduits de la source (Mistral, EISSOUR).
4. Il y a bien a mielh; il faudrait a Amielh (voir l'art. subséquent). Nous avons vu plus haut (p. 362) que la préposition a était supprimée devant les mots commençant par a. C'est ici le même cas, sauf que le copiste préfère garder la préposition et supprimer l'a initial qui suit.
5. Platrière; Mistral, GIPIERO, cf. Du Cange, GIPPUM.
6. Lurs, arr. de Forcalquier. On prononce Lus en patois; voy. Mistral, LURS.

et present mosenhor de Limans [1], per lo decalament de las parpalholas [2] de rey et de miech grosses de papa, fasent la paga de la talha, del rey senhor nostre, que ero la soma ff. xiiij, g. ij, monta la perda de la dicta moneda

g. xxj, d. iiij.

Item, plus pausa aver pagat, p. c. de m. l. s., a mestre Glaudo Gonart, per doas crosieras [3] de ferre que son a la vista del fort de la Bano, deves lo sementeri . . . . g. v. ½.

Item, plus, a xxiiij de ginoyer, a pagat, p. c. de m. l. s., a mestre Ambrosi Mosquin, per quatre jors que a vacat per ausir los contes de mestre Juhan Olanhier . . . . f. j.

Item, a xxx de ginoyer a pagat, p. c. de m. l. s., a mestre Charles Dumayne, per lo loguier de la chabraria [4] per sieys mes passas . . . . . g. vj.

Item, plus pausa aver pagat, per c. de m. l. s., per ung home que aret querre ung chabrier al Revest Enfangat [5], per son trabalh . . . . g. j.

Item, a v de febrier, a pagat, p. c. de m. l. s., quant aneron far encantar lo peage de La Brelhano [6], per ung cartier de moton que pesava ll. xj . . . . g. v. d. xij.

Item, en especias, ... d. vj.

Item plus, lo dich jort, a pagat, p. c. de m. l. s., a Mielh Ranguin que anet a La Brelhana per far les enchans del dich peage, per son trabalh

g. j. d. viij.

Item, plus, al dich Amielh, sirvent, quant fon vengut de La Brelhano, per son sopar . . . . g. j.

Item, plus pausa aver pagat, p. c. de m. l. s., a mestre Peyre Brunier, per compra d'un carriol [7] per servir a la calada . . . . g. xv.

(V°) Item plus, lo segond jort de mars, pausa aver pagat, p. c. de m. l. s., a Alzias Plueyme, per quatre jors que a vacat per ausir los contes de messire Juhan Aulanhier . . . . f. j.

---

1. Limans, c. de Forcalquier.

2. Pour la dépréciation des parpailloles, monnaie frappée sous le roi René, voy. les textes cités par Du Cange, PARPAILLOLA.

3. Croisées, châssis ; Mistral, CROUSIERS.

4. A Forcalquier, la garde des chèvres appartenant aux particuliers était confiée à un pâtre communal nommé par le conseil de la ville (Arnaud, *Hist. de la viguerie de Forcalquier*, I, 410, 411).

5. Revest-en-Fangat, selon l'orthographe vicieuse de l'administration, qui se trouve déjà dans Cassini, c. de Saint-Étienne, arr. de Forcalquier.

6. En deux mots, comme plus haut (p. 423), et comme on l'écrit actuellement ; mais il serait plus exact d'écrire *Labrelhano* (*castrum de Librigiana*) ; La Brillane, c. de Peyruis, arr. de Forcalquier.

7. Charriot ; Mistral, CARRIOU.

Item, plus pausa aver pagat al noble Juhan Malric[1], per dos jors que ha vacát en anar sercar de aglan a Simiana et en Valsancta[2] et a Viens[3], per son trabalh.. f. j.

Item, plus, per quatre jors que ha vacat en ausir los contes de mestre Juhan Aulanhier.. f. j.

Item, plus, lo ters jort de mars, pausa aver pagat, p. c. de m. l. s., per lo vinage del mercat que ha fach la villa ambe Anthoni Gay, per explanar[4] lo Borguet[5], per vin... g. iij.

Item, per de fogassas.. d. xij.

Item, per de fromage... d. xij.

Item, plus, lo ters jort de mars, ay pagat, p. c. de mons. de Limans, sindegue, a mosen lo sendegue Brochier, per adurre los bars dal fort de la Bana.. f. iij.

Item, a viij de mars, a pagat, p. c. de m. l. s., cant feron lo fuoc de joyas, per lo menestrier... g. j.

Item, a ix de mars, ay pagat, p. c. de m. l. s., per adobar una pala de fusta que era das caladayres   d. iiij.

Item, plus, a ix de mars, pausa aver pagat, p. c. de m. l. s., a mestre Frances Benart, peyrier, per adobar lo fort de la Bana........ f. vij, g. iij.

(Fol. 377) Item, plus pausa aver pagat, p. c. de m. l. s., a Albam de l'Aventura[6], per l'uffici de la capitanaria, per sos gages .... f. iij.

Item, plus, a ix de mars, pausa aver pagat, p. c. de m. l. s., a mestre Bertran Carlet, per lo sobre encant dal fort dal chamin............... f. j.

Item, a xv de mars, a pagat, p. c. de m. l. s., a Mielh Ranguin, sirvent, quant se deslieuret lo masel, per los enchans....................... g. j.

Item, plus, a xvij de mars, a pagat, p. c. de m. l. s., per far collacion a l'ostal de la vill cant adobavon la lieura, per ung demiey de vin .... d. x.

Item, per doas fogassas a la dicta colacion...................... d. iiij.

Item, plus, a xix de mars, ay pagat per p. c. de m. l. s., quant adobavon la lieura a l'ostal de la villa, per doas fogassas per far collacion, et Manhan de la plassa paguet lo vin.. d. iiij.

Item, plus, a xx de mars, ay pagat, p. c. de m. l. s., quant adobavon la lieuro a l'ostal de la villa, per far collacion................................ d. x.

Item, plus, a xx de mars, ay pagat, p. c. de monsenhor de Limans, sen

---

1. Pour Amalric.

2. Simiane et Valsainte, c. de Banon, arr. de Forcalquier.

3. Viens, Vaucluse, c. d'Apt.

4. Aplanir ? Mistral, ESPLANA.

5. Voir ci-dessus, p. 424, note 3.

6. Ce surnom est connu d'ailleurs. Dans l'*Obituaire du chap. de Saint-Mary de Forcalquier*, p. p. M. J. Roman, on lit (p. 6) : « quoddam viridarium Anthonii de La Ventura. »

dege, a mossen lo sotsindege Brochier, per ung conte de gitons per tenir a l'ostal de ía villa... g. iij.

Item, plus, a xx de mars, pausa aver pagat, p. c. de m. l. s., a Olivier Bonet de Valansolla [1] per lo sobre enchant de la reva dal masel..... f. j.

Item, plus, a xxiij de mars, ay pagat, p. c. de m. l. s., a mestre Johannes Bandoli, per son trabalh que ha agut per anar a Mano [2], per lo compromes de la reva del vin, contra mestre Glaudo Gonart et Verart Monier .... f. j.

(V°) Item, plus, a xxv de mars, a pagat, p. c. de m. l. s., a Esp rit Chabassut [3], per portar los malons [4] de l'ostal de mosenhor de Limans al fort de la Bana.

Item, a xxv de mars, a pagat, p. c. de m. l. s., a Mielh Ranguir sirvent, per los enchans de la reva dal pan........................•... d. viij.

Item, plus per una candella .... d. ij.

Item, plus, a xxv de mars, a paga, p. c. de m. l. s., a Bonardel, per acompanhar lo comessari jusques a Sant Michel [5], que mandet mosen le senescal que portava letros, que tot home fos prest quant seria mandat. g. j.

Item, a v d'abril, a pagat, p. c. de m. l. s., a Mielh Ranguin, sirvent, per dos viages que a fach al molin de Hugo Mahenc, per aver l'areno de la font de La Lauveta.

Item, a viij de abril, ay pagat, p. c. de m. l. s., a senhe Juhan Berluc, per doas saumadas de blat que a portat a Marcelha per la villa ff. ij, g. vj. [6].

Item, a ix d'abril, ay pagat, p. c. de m. l. s., per de sayn per honher lo carre dels caladayres.. d. iiij.

Item, plus a ix d'abril, ay pagat, p. c. de m. l. s., a mestre Crespini Bellas, per ung jort que anet a Mano, per lo compromes de la reva dal vin contra mestre Glaudo Gonart et Verart Monier.................. g. iij.

(Fol. 378) Item, a xj d'abril, a pagat, p. c. de m. l. s., al Picart soviguier, per ung comandament que portet a Vols [7], per l'arest d'alcuns mulatiers .... g. ii.j.

Item, a xj d'abril, a pagat, per c. de m. los s., a mestre Charle, per .xl. saumados d'arena que a fach portar per la font de La Lauveta. g. xxij. ꝑ.

Item, plus, a xv d'abril, pausa aver payat, p. c. de m. los s., a Anthoni Guilherme, alias Gay, per acampar a son estable las peyras talhadas del

---

1. Valensolle, ch.-l. de c. de l'arr. de Digne.
2. Mane, cant. de Forcalquier.
3. C'est un conseiller : *Spiritus Chabassuti*, dans les listes de présence du conseil de ville.
4. Carreaux, briques de carrelage; Mistral, MALOUN.
5. Cant. de Forcalquier.
6. Article cancellé.
7. Volx, cant. de Manosque.

revelin[1] del portal dels Frayres Menos, per far l'abeurage de la font de
Bedorrieu . . . . g. vj.

Item, plus, a xiij d'abril, a pagat, p. c. de m. l. s., a mestre Ray-
mon Marchis, fabre, per lo port dal blat de la villa que a portat a Mar-
celha[2] . . . . ff. ij. d. vj.

Item, plus, a xxj d'abril, a pagat, p. c. de m. l. s., a mestre Reymon
Marchis, per unas frachissas[3] e per una sarralha que a pausat a l'archibanc[4]
de l'ostal de la villa . . . . g. ix.

Item, plus, a xxj d'abril, a pagat, p. c. de m. l. s., a mestre Reymon
Marchis, per adobar lo furgon[5] del fort del chamin . . . . g. ij.

Item, plus, a xxiij d'abril, pausa aver pagat, p. c. de m. l. s., a Mathieu
Lentier, per dos jors que a vacat per gardar las chabres de la villa[6] . . . g. v.

(En marge : Recuperetur a caprerio.)

Item, plus, a xxiij d'abril, pausa aver pagat per commandament de mossen
de Limans, sindegue, a mosen lo sindegue Brochier per una post per far lo
buey[7] de l'archibanc de l'ostal de la villa . . . . g. v.

Item, plus, a xxiiij d'abril, pausa aver pagat, p. c. de m. l. s., al comes-
sari que portet las letras per far las mostras de las gendarmos, lo ters jort de
may . . . . g. iij.

(Vo) Item, a xxix d'abril, pausa aver pagat, per c. de m. l. s., a Anthoni
Seguin per anar as At per espiar de las gendarmos si vendron passar a For-
calquier, en que a vacat dos jors . . . . g. vj.

Item, plus, lo segunt jort de may, a pagat, p. c. de m. l. s., a mossen
Felix Maurel, per unas talholes[8] que a vendut ambe lo sench a la villa per
los frans archiers, consta . . . . g. x.

---

1. Ravelin, probablement une sorte de parapet placé en avant du portail.
On l'avait, paraît-il, démoli, pour en employer les pierres à la construction
de l'abreuvoir mentionné dans cet article.

2. Cet article est cancellé. Il s'agit probablement du blé que la commune
avait été obligée de fournir pour la subsistance de l'armée française qui opé-
rait dans le royaume de Naples.

3. Charnières ; Mistral, FRACHISSO.

4. Sorte de grand coffre pouvant servir de banquette ; Mistral, ARCHIBANE.

5. Le fourgon ou tisonnier du four. Mistral, FOURGOUI.

6. Voir plus haut, p. 429, note 4.

7. Voici le seul exemple que je connaisse de ce mot dont le sens n'appa-
raît pas clairement : « La mesure, à Draguignan, était en bois, carrée, étroite
en haut, large en bas et ferrée en croix par-dessus. On fixait au fond un fer
sive buey » (C. Arnaud, Hist. de la viguerie de Forc., I, 522). En note, l'au-
teur renvoie à un des registres de la Chambre des Comptes d'Aix (mainte-
nant aux arch. dép. des B.-du-Rh.). Dans notre compte, le buey ne peut avoir
été en fer, puisqu'il était fait avec un post, une planche.

8. Ceintures.

Item, lo ters jors de may, a pagat, p. c. de m. l. s., a mestre Reymon Marchis, per far tirar las colobrinos quant sa feron la[s] mostros . . . . g. ij.

Item, lo cart jort de may, a pagat, p. c. de mosser de Limans, a mossen lo sendegue Brochier, per la despensa que feron los frans archies quant lo volgron anar presentar, tant en pan quant en vin et en cart. . . . . . . g. iiij.

VI. — CASTELLANE

Les archives de Castellane sont moins importantes que celles de Digne, de Sisteron, de Manosque, de Forcalquier; elles ne sont toutefois pas à mépriser, et, si je ne me trompe, elles sont à peu près inconnues[1]. Du moins, je ne crois pas qu'elles aient fourni la matière d'aucune publication. Comme ailleurs, c'est dans les registres des délibérations du Conseil et dans les comptes qu'il faut chercher les textes en langue vulgaire. Le premier registre du Conseil (BB 1) contient les délibérations comprises entre le 3 mai 1473 et le 17 juin 1485. Il est tout en latin, sauf quelques délibérations qui seront publiées plus loin. Les procès-verbaux des séances continuent en latin jusqu'au 2 février 1507 (1506, anc. st.); ils sont en provençal du 3 février de cette année au 3 février 1510, époque où on recommence à les rédiger en latin. Mais nous ne pouvons savoir exactement jusqu'à quel moment le latin reste en usage, car après le registre BB 4, qui renferme les délibérations de 1502 à 1515, s'ouvre une lacune. Le registre BB 5 commence en 1539. Il est en provençal. Le français fait une première apparition du 20 septembre 1545 à la fin de janvier 1547; mais le 3 février 1547 le provençal reparaît pour quelque temps. J'ai oublié de noter jusqu'à quelle date s'étend le volume BB 5, mais il y a une lacune considérable entre ce registre et le suivant qui contient les années 1567 à 1601, et est tout en français.

Les comptes (CC 1 et suiv.) commencent en 1524. CC 1 va de

1. Il n'existe aucun travail historique sur Castellane : l'*Histoire de Castellane*, de Louiqny (Marseille, 1836), indiquée dans les bibliographies, est un opuscule de 60 pages rempli de ridicules bavardages. Les richesses historiques que renferment les archives locales du département, surtout dans la région du sud et de l'est, n'ont guère été exploitées jusqu'à ce jour. Et du reste il n'existe point d'inventaire imprimé pour aucun des dépôts d'archives municipales ou hospitalières des Basses-Alpes.

1524 à 1529; CC 2 de 1530 à 1546: CC 3 de 1560 à 1568. Ces trois registres, qui sont formés de cahiers originairement indépendants (un par exercice) sont en provençal. CC 4, de 1568 à 1594, est en français. Voici les premières lignes du plus ancien compte :

> Segue si la intrada de l'argent que jieu, Nicholas Richant, thesaurier, ay resanput de la villa de Castellana, de l'an m v⁼ xxiiij.
>
> Et primo, pausy aver resanput de Reymon Martin, per lo grant fort, cent et des florins, grosses siey....

Revenons au registre BB 1 où, comme je l'ai dit, certains procès-verbaux des séances du Conseil sont rédigés en provençal. Ces procès-verbaux s'étendent du 23 août 1474 au 30 novembre de la même année. Ils formaient originairement un petit cahier à part qui a été transcrit dans le registre des délibérations. Cela est expliqué dans une note en latin, qui les précède, et qu'on va lire. La même note nous apprend la cause de cette exception à l'usage ordinaire. Il paraît que, par suite d'une épidémie[1], le notaire ordinaire du Conseil, maître Arnaut Ambroise, n'avait pu remplir son office, et qu'on l'avait remplacé temporairement par divers membres du Conseil, à qui il était plus facile d'écrire en langue vulgaire. Nous avons vu que le même cas s'est présenté à Forcalquier en 1478-9. Voici, sauf quelques suppressions indiquées par des points, le texte des délibérations provençales, avec la note latine qui les précède. On s'apercevra que ce texte n'est pas exempt de fautes, mais on doit aussi tenir compte de ce fait que l'original, écrit par des personnes peu accoutumées à résumer par écrit des décisions, devait être souvent d'une rédaction obscure.

> (BB 1, fol. 4 v°) Anno incarnationis Domini millesimo iiij^c lxxiiij, et die mensis maii, ego Arnaudus Ambrosii, olim scriba consilii premissi, in vim ordinationis in ipso consilio pridem facte, quemdam quaternetum ordinationum consilii, per varias manus, tempore quo pestis viguit in dicta villa Castellane scriptum, in presenti libro inserui de verbo ad verbum.
>
> Tenor ipsius quaterneti : \
> Anno Domini millesimo iiij^c lxxiiij^o, et die xxiij augusti, a istat tengut conselh per mestre Regnault Geneys, luoctenent de juge, e sen Durant

---

1. Le quantième a été omis. La séance précédente est du 4 juillet 1473.
2. On trouvera à la fin du cahier (p. 439) une délibération antérieure.

Lougier, lioctenent de sendegue, et mestre Berthomieu Astier, lioctenent de sendegue, in presencia de los homes que s'en segont : Monet Balmont, Jaume Aliaut, Jaume Blanc, *alias* Robion, Jaume Colomp, Guillem Colomp, Remont Salvayre, Steve Reynault, Peyre Salvanhe, Paulet Martel, Horonat Rasault, Luc Ambrosi, Juhan Michel, et las ordenansas fachas que s'en segont, et permierament :

Item, an ordenat que [1] de anar a monsor de Senes [2], parlar de aver ung viceofficial per causa des escumenjas, tant per participans quan per causa de depta ho autra causa ; et deu anar mestre Reynault Genies ver lod. sor.....

Anno quo supra, et die xxv augusti, es istat tengut consel per discres homes mestre Bertholmieu Gansart, lioctenent de juge, et mestre Berthomieu Astier et Durant Laugier, lioctenent de sendegues, en lo consel tot, present (?) [3] lo noble Giraut Bonifaci mestre Raynaut Geneis, Monet Balmon, Isnart Martel, J[o]ham Michel, Jaume Blan *alias* Robion, Honorat Giraut, Thomas Geneis, johan Mondoy, Jaco Gansart, Reymon Salvayre, Jaume Colomp *alias* Churian (?), Esteve Assier, Laugier Assier, Fermis Peyrol, Jaume Aliaut, Peyron Salvaina, J[o]ham Imbert.

Item, an ordenat en conselh de baliar a monsor lo curat, mosen Charles Costin, lo calice que avia monsen Nicholau en garda.

(*Fol. 5 v°*) Item, ieu mestre Berthomieu Gansart, lioctenent de juge et lioctenent de sendegues et en [4] lo conselh ant recebut lo messal de Nostra Donna et lo calice que avia monsen Nicholau Cassenova, et d'aquo lo quitan deld. calice et libre.

Item, lo consel es de opinion, la mager partida, que li portal demoran ubers de vespre, de que lo lioctenen mestre Berthomieu Gansart et lioctenent de juge, et mestre Berthomieu Astier, lioctenent de sendegue, no es content deld. [5] ordenansa.

Anno quo supra, et die xxvij augusti, curatus cum magistro Reynaudo Genese fuerunt in loco Senessen [6] relacionem factam.

Item, monsenhor de Senes, reverent payre en Dieu, donet licensa el curat, monsen Carles Costin, de asolver los escumenjas, en condicion que balissesant fermansas obligatorias, et licensas de dire doas messas, una a Sant Victor [7] et l'autra a Nostra Donna ; et tous l'an assectada [8] la relacion et demandant lod. curat et Renault per ung jorn.

---

1. Ce mot est à supprimer.
2. L'évêque de Senez.
3. Il y a une abréviation : un *p* avec un *o* suscrit.
4. Corr. *e. tot* ?
5. Il faudrait *de lad.*
6. Lire *Senessensi.* Ensuite il faudrait suppléer *secundum,* ou quelque chose d'équivalent.
7. Saint-Victor ; l'ancienne église paroissiale de Castellane n'est plus maintenant qu'une chapelle.
8. Corr. *et tous an acceptada ?*

Anno quo supra, et lo xxix de aost, es tengut consel per discres homes mestre Berthomieu Gansart, lioctenent de juge et mestre Bertholmieu Astier, lioctenent de sendegue, mestre Renault Geneys, J[o]han Micheal, jolian Arnaut, Jaume Colompt, Lougier Assier, Paulet Martel, Thomas Parodi, Honorat Giraut, Honorat Raut, Thomas Geneys, Monet Gay, Steve Blanc, Iohan Imbert, Reymon Salvayre, Steve Assier, Monet Balmon, Pere Salvenia, Guilien Muraire, Jaume Blant, Jaco Gansart.

Item, de par (*sic*) lo consel sobre escrip, es de opinion et ordonat que aguessant ung curat perpetual, et ant ordenat per curat monsen Charles Costini, et sont de opinion que lo prior lo presentes davant la reveren paternitat de monsor de Senes.

(*Fol. 6*) L'an sobre escript, et a vj de septembre es tengut consel per discret homes mestre Bartolmieu Gansart, lioctenent de juge et de clavari et Durant Laugier, mestre Bartameu Astier, lioctenent de sendregues, et mestre Renault Geneys, Honorat Rasaut, Honorat Giraut, Monet Donsel [1] Thomas Paioze [2], Guillen Gay, Jaume Lambert, Anthoni Aubert, Laugier Reynault, Esteve Reinault, Monet Balmon, Guillem Muraire, Fermis Peirol, Johan Viguier, Jaume Blanc, Jaume Aliaut, Jaume Barles, Monet Gay, Peire Salvania, Johan Sestaron, Bertran Salvayre, son de opinion tou, lo consel.

Item, premerament, sont de opinion [3].

Item, ant espausat lod. (*sic*) sendregues que aquelos que servont les mos [4] fosent pagas de lor gages, ensi come es ordenat per lo consel.

Item, ant espousat lod. sendregues que li portal se saressont.

Item, ant espausat lod. sendregues que lo non se degues vendemiar entro la semana denan Sen Michel.

Item, ant ordenat de las vinias de non vendimiar entro quinse jors denan Sen Michel [5].

Item, ant ordenat des portals que non se sarant.

Item, ant ordenat dos gages d'aquelos que servont los mos que anon parlar a Anthoni Lauren fil de Guillen Lauren, que los balie d'argent clavar de Castellana [6].

---

1. Le Monet *d'Oussolin* mentionné au 12 et au 21 septembre?
2. *Parole*, plus loin, au 21 septembre; *Parola* au 6 novembre.
3. *Sic*, la phrase est inachevée.
4. Plus loin (12 sept.) *mors*. Il y avait alors une épidémie à Castellane. La peste est constatée à Sisteron en 1467 et en 1474 (Laplane, *Hist. de Sisteron*, I. 292).
5. La rédaction de ce procès-verbal laisse à désirer : voilà deux articles consécutifs sur le même objet qui ne sont pas identiques et l'article suivant semble contredire un article précédent.
6. *Sic*; le copiste doit avoir omis quelques mots.

L'an sobredi, et lo xij de septembre, es tengut conselh per discres homes mestre Bertholmeu Gansart, lioctenent de juge et de clavari, et Durant Laugier et mestre Berthomieu Astier, lioctenent de sendregue, et mestre Rainaut Geneis, Johan Michel, Monet Balmon, Johan Viguier, Reymon Salvayre, Guillen Tapol, Monet Tapol, Jaume Blanc, J[o]han Sestaron, Johan Gay, Guillen Colump, Peyre Salvania, Laugier Reynaut, Steve Blanc, Monet d'Oussolin.

Item, ant espousat li sendegres (*sic*), que la talia se ordenes per la paga de Sen Michel de la talia.

(*Fol. 5 v⁰*) Item, es agut requis lo sendregre Berthomieu Astier per Johan Gastinel per lo fait de las retenesons ¹ que es agut gaiat, et que non li sia fach tort.

Item, es ordenat del fat de las retenesons que qui aura falit que siant ² punit.

Item, aquelos que servont los mors que se pagont sur la talha de la villa, exeptat Johan Michel non li consel (*sic*).

Item, ant ordenat, per la pague ³ quarta part et darrier[a] de la talia del don gracios de nostressᵒʳ lo rey, de culhir j g. per ll.

Item, an ordenat lo consel que lad. talia se cuelia per lo clavari de la villa.

L'an mil iiijᶜ lxxiij, et a xxj de septembre, es istat tengut consel per discres homes et per lo noble Bonifaci Giraut, lioctenent de juge et mestre Barthelmieu Astier, Durant Laugier, lioctenent de sendregues et mestre Renaut Geneis, Fermis Peirol, mestre Jaco Gansart, Honorat Giraut, Guillen Murayre, Monet Balmon, Johan Arnaut, Jaume Colomp, Berthon Salvayre, Johan Ymbert, Thomas Parole, Monet d'Oussolin, Thomas Geneis, Guillen Roier, Reymon Salvayre, Honorat Rasaut, Laugier Reynaud, Steve Reynaut, Steve Blant, Anthoni Aubert, Monet Tapol, Guillen Tapol, Jaime Datil ⁴, Steve Murayre.

Item, ant espausat li sendregues, et premierament ant espausat d'aver ung barbier per servir la vila.

Item, ant espausat de far pagar aquelos que servont los mors.

Item, ant espausat de far servir lo mel ⁵.

Item, ant ordenat en consel, del fait de la talia, de mandar a Anthoni Lau-

---

1. *Reteneɀo* ou *retentio* (voir Du Cange sous ces deux formes) désigne les pâturages qu'il était interdit de faucher. Cf. toutefois Arnaud, *Hist. de la viguerie de Forc.*, I, 131, qui voit dans les *retentiones* des terrains réservés à la vaine pâture.

2. Il faudrait *sia*. C'est une syllepse.

3. Il faudrait *per la paga de la*.

4. Plus bas, 31 octobre, *Jaume Latil*.

5. Ce mot revient un peu plus loin. Je ne sais ce qu'il signifie.

rcns, clavari de la villa de Castellana, que deuge donar ordre sur lo fait de taillie real, vo autrament protestar lod. consel, si autra causa en venia.

Item, ant ordenat lod. consel, sur lo fait del mel, que deiant far convenir los heres de Honorat Sos e Guillem Feraut de Mostiers, et que lo pellam et l'argent et lo sen (?) sia arrestat en las mas de Honorat Feraut.

Item, ant ordenat d'aver huns barbier et de li donar *(fol. 7)* les gages que donavant a mestre Robin La-ge, la soma de. ij escus, et de lo tenir franc xij ans et li baliar botica dos ans et lodit barbier mestre Pere Gautelme de la Verdiere [1], et promes lod. mestre Pere d'estre sioutadin del dit lioc, et aquo per lo thochament de la man del dit lioctenen de sendregue:

L'an mil iiij[c] lxxiij; et lo darnier jor d'octobre, es tengut consel per discret homes et conseliers de Castellana, et premierament mestre [2], lioctenent de juge, mestre Bertholmieu Gansard; item Duran Laugier et mestre Bertholmieu Astier, lieutenent de sendregues. Item, mestre Reinaut Geneis, Johan Giraut, Berthon Salvayre, Laugier Reynaut, Honorat Rasaut, Steve Reinaut, Peiron Salvania, Johan Feleze, Steve Blanc, Guillem Lambert, Guillem Rouiet, Jaume Aliaut, Julian Arnaut, Johan Sesteron, Monet Tapol, Steve Murayre, Guillen Tapol, Honorat Giraut, Jaume Latil, Peyron Murayre, Guillen Muraire, Johan Viguier, Monet Balmon, Bonifaci Giraut.

Item, ant despousat [3] li sendregue disent si es de consel que lo devent de Sionna [4], sie den [5] deffendre vou non.

Item, del fait del barbier per la botica, si se deu adobar vo non.

Item, es istat fac rancara en consel del lioctenent de juge, qual es lioctenent de juge et de clavari [6].

Item, Monet Balmon es de opinion, defora tout le consel, que la ordenansa facha per lo consel del fac de las vinjas que se rompa.

Item, de fac del devens de Toulana [7] que se prolongue entro a Santa Katarina [8] per los beus et non per autra[s] bestias, ensuy *(sic)* come es de costuma, et sur la pena acostumada.

---

1. Tout cela est bien mal rédigé, quoique à peu près intelligible.

2. Le nom de ce magistrat a été oublié.

3. Lis. *espousat*. La faute est produite par la consonance du *t* final qui précède.

4. Sionne est un hameau dépendant de Castellane, à quelques kil. au N.-E. — Le *devent* ou mieux *devens* (comme plus bas) est un terrain mis en « defens ». *Défens* est proprement la forme usitée en Provence ; voy. Mistral, DEVÈNS. Ailleurs on a *deves* ; cf. Du Cange, DEVEZIUM.

5. Corr. *de* ?

6. Les fonctions de juge, de syndic et de trésorier étant incompatibles, on considérait qu'il était irrégulier qu'une seule personne exerçât la suppléance de ces trois fonctions. Cela est expliqué quelques lignes plus bas.

7. Taulane, cant. de Castellane.

8. 25 novembre.

Item, es de opinion que lo[s] sendregues et conseliers [1] que lo lioctenent de juge et de clavari non aye sinon un office, vo juge vo clavari, et que s'en escriva a madama de Laval [2].

L'an mil iiij^e lxxiij, et a vj de novembre, es istàt tengut consel et fac cria per lo sergent a son de campana, per discret home mestre Bertholmieu Gansart, lioctenent de juge, et Duran Laugier et mestre Berthomieu Astier, lioctenent de sendregues, et Bonifassi Giraut, Johan Ymbert, Fermis Peyrol, Thomas Geneis, Monet Gay, (v^o) Johan Latil, Honoràt Rasaut, Monet Balmon, Steve Reynaut, Jaume Guion, Berthon Salvayre, mestre Reynaut Geneys, Anthoni Albert, Julian Arnaut, Guillem Gay, Jaume Lambert, Guillem Murayre, Steve Blanc, Thomas Parola, ant espausat li se[n]dregues, et premierament:

Item, es espousat del fac de la botica del barbier si se dèu reparar la botica.

Item, es espousat de escrieure a Madama de ver (?) a Castellana, mons^{or} de Sant Andrieu per lieutenent per escrieure a la cort [3].

Es espousat per lo consel [4]:

Item, ant ordenat lo consel que s'escriva a Madama que aguessant monsor de Sant Andrieu per lieutenent per escrieure a la cort [5].

Item, es ordenat per lo consel que aquellos que hant servit los mors que aient la copie de la ordenansa que forn facha lo vj de aost per lo servisse des mors.

Item, del fac de la botica del barbier que sia remes, el sendreges que vejan la reparacion que se deu.

Cadit sequens consilium in introytu insercionis caterneti, quia erronee fuit apositum et scritum per gubernatorem dicti caterneti in hoc loco.

Lo noble Bonifac (sic) Giraut, luoctenent de juge e maystre Berthomieu Astier, luoctenent de sendregue, an facli congregar lo conselli mil iiij^c lxxiij, e vj d'aost.

Et primo M. Raynaut G.;
Item, Monet Balmon;
Item, Peyre Salvayno;
Item, Fermis Payrol;
Item, Jaume Aylaut;
Item, lo noble Horona Girau;
Item, Anthoni Albert;
Item, Jaume Colomp;

---

1. Il faut supposer que les mots « que los sendregues et conseliers » ont été écrits par erreur.
2. Jeanne de Laval, seconde femme du roi René.
3. Corrompu ? Voir ci-après la délibération du 10 novembre.
4. Phrase inachevée.
5. Cela vient d'être dit.

Item, M. Robin;

Item, Horonat Rasaut;

Item, Guillen Colomp;

Item, Raymon Salvayre;

Item, Jaume Guiol (?);

(*Fol. 8*) Item, Esteve Raynaut;

Item, Esteve Blanc;

Item, Juan Rostan.

Sec se la ordenansa que aven fach nos autres de conselh e tot los suses-crich a vj jors del mes d'aost.

Per far servir los mors, e tot permierament se son perufers tres; permie-rament Jaume Colomp, Esteve Raynaut alias Assier, Paulet Martel.

Item, lur donan dos florins lo mes per home, e ellos los devon ajuar por. tar e far la sobouturo.

Item, aordenon d'autra part, vesent que plas a madama, de donar a maystre Robin dos escut, et la vilo lui dona autre dos escus uno ves tant solament.

Item, aordenan d'autra part que guerron [1] siervo et que aio sos gages acostumas.

Item, aordenan que baylon al noble Boniface Giraut, per annar parlar a Madama, g. .ij.

Item, a .i 'enan que baylon a Juhan Rostanh cant ha porta la letra a Saht Andrieu [2] a Madama, g. .ij.

Item, ay escrich per memoria aysso al conseyl.

Anno Domini millesimo iiij° lxxiij°, die decima mensis novembris, convo-cato consilio universitatis ville Castellane in claustro Bartholomei Gansardi vicejudicis et viceclavarii regie curie dicte ville, in quo quidem consilio pre-sentes fuerunt discreti viri magister Bartholomeus Asterii et Durandus Lau-gerii, vicesindici dicte ville, Monnetus Balmoni, Ferminus Payroli, magister Raynaudus Genesii, Julianus Arnaudi alias Mondoy, Stephanus Raynaudi alias Assier, Guillielmus Lamberti, Laugerius Raynaudi, Berthonus Salvatoris et Honoratus Rasaudi, consiliarii dicte ville Castellane, et vigore quarumdam literarum per magnificam dominam Margaritam Cossa, dominam castri dicte ville, fuit ordinatum inter eos unanimiter et concorditer quod pro justicia ministranda, et ne maleficia remaneant impunita, et jura regie curie non diminuant, quod, de mandato dicti magistri Bartholomei vicejudicis et vice-clavarii, ego Bonifacius de Bellonis, condominus Sancti Andree, scribere debeam omnia ad dictam regiam curiam pertinencia, tam civilia quam criminalia.

---

1. Nom corrompu?

2. Saint-André de Méouille, arr. de Castellane.

(*V*°) Anno re est. ¹, et die xiiij⁴ novembris, es istat tengut consel per discres homes mestre Bartholmieu Gansar et mestre Bartholmieu Astier, Duran Laugier, lieutenent de sendregues, et aconsellieron.

Item, Monnet Balmon, Guillen Murayre, Jaume Aliaut, Peire Salvania, Firmis Peyrol, Monnet Gay, Jaco Gansart, Laugier Raynault, Isnart Martel, Guillen Geneis, Honorat Rasaut.

Item, li SS°ʳ sendregues ant resseubut la letra que lour a tremes madama de Laval, faysent mension que la taille se colis, et que agues lad. taillie a Sen Andrieu prochanament venent.

Item, es ordinat per lo juge et sendregues et conselliers que la ordenansa viela de la talie a vj de septembre que sega son effiet (*sic*).

L'an susdich es lo redier jorn del mes de novembre, ieu mestre Berthomieu Gansart, luegatenent de juge, ambe los senhors sendregues sen Duran Laugier et mestre Berthomieu Astier, sen Bonifay Giraut, mestre Raynaut, mestre Jaume Motet, Juan Felen (?), Peyre Terrassier, Peyre Murayre, Juhan Giraut, Juan Viguier, Jaume Lambert, Esteve Blant, Esteve Murayre, Monet Gay, Monet Bolart, Julian Arnaut, Anthoni Aubert, Laugier Raynaut, Jaume Colomp, Honorat Rasaut, Thomas Ginieys, Honorat Giraut, Jaume Blanc de la Costa, Monet d'Oussolin, Thomas Parolla.

Item, los senhors sendregues au botat davant los mess°ʳˢ de conselh que ellos son agus requists per Peyre Richart que sera content de si far sieutadin de esta vila.

Item, es aordenat, tos ensemps et tos de una opinion, los senhors susnomas de conselh, de lo recebre per sieutadin como ung home de ben, so es assaber Peyre Richart, del luoc de Mories ².

(*Fol. 9*) Item, l'an mil .iiij°lxxiij et lo jorn sobredich, ieu mestre Berthomieu Gansart, luoctenent de juge, ay baylat los capitols, los quals son estas fachs al conselh del iij estas, als senhors sendregues, en presencia de lo conselh.

Si je parviens à faire pour trente-cinq départements ce que je viens de faire pour les Basses-Alpes, la philologie provençale reposera sur une base solide. C'est une œuvre longue et pénible. Avant de l'entreprendre, j'appelle sur le présent spécimen l'attention des hommes compétents.

Paul MEYER.

---

1. *Sic*, faute pour *retroscripto?*
2. Moriez, arr. de Castellane, cant. de Saint-André.